帝国的归宿

两汉卷

于之伟 李鹏◎主编
张丽君◎著

中国華僑出版社
·北京·

图书在版编目（CIP）数据

帝国的归宿．两汉卷 / 张丽君著．—北京：中国华侨出版社，2017.12

ISBN 978-7-5113-7247-5

Ⅰ．①帝… Ⅱ．①张… Ⅲ．①中国历史—汉代—通俗读物
Ⅳ．①K209

中国版本图书馆CIP数据核字（2017）第297391号

帝国的归宿．两汉卷

著　　者 / 张丽君
责任编辑 / 高文喆　杨冰馨
责任校对 / 高晓华
经　　销 / 新华书店
开　　本 / 880毫米×1230毫米　1/32　印张 / 8　字数 / 190千字
印　　刷 / 北京溢漾印刷有限公司
版　　次 / 2018年5月第1版　2018年5月第1次印刷
书　　号 / ISBN 978-7-5113-7247-5
定　　价 / 32.00元

中国华侨出版社　北京市朝阳区静安里26号通成达大厦3层　邮编：100028
法律顾问：陈鹰律师事务所
编辑部：（010）64443056　64443979
发行部：（010）64443051　传真：（010）64439708
网　址：www.oveaschin.com
E-mail：oveaschin@sina.com

序

钱穆先生说到中华文化的三个特点，一是历史悠久，二是不间断，三是记载详密。环顾全球，恐怕没有哪个民族如中华民族这样重视历史。中国可以说是世界上历史最为完备的国家。

学习历史的意义何在？我理解应该有三个层次：第一，了解我们的先人是如何生活、如何思考的；第二，了解我们的民族是如何发展、繁衍至今的；第三，从中摸索出一些规律，以推动和促进我们当下的生活。很多人在学生时代或多或少对历史都有一点恐惧心理，枯燥的时间地点，乏味的典章制度，为了应付各种考试，不得不死记硬背。但是，当我们积累了一些社会经验，增长了一些人生阅历之后，却会发现，生活中时时处处都有历史的影子在摇曳，那感觉似是而又非、真切而又恍惚，今天好像是昨天的重现，但却又与昨天有着完全不同的意义。这一切，驱动着你想去探寻，是什么造成了昨与今之间的同与不同，是什么导致了今与昨之进步与反动。这就是历史的魅力所在。

前辈学者阐释学习历史的态度时，特别指出，对于本国历史应该持有一种温情与敬意，应该有一种理解之同情。只有满怀温情与敬意、抱着理解之同情，才能同时摒弃妄自菲薄与狂妄自大，以一颗平常心去面对我们民族五千年的文明史，并从中有所收获。

新中国成立以前，人民受教育程度普遍偏低，普罗大众的历史知识主要来自两种通俗文艺形式——评书和戏剧。义务教育普及的今天，历史仍然是大众读物乃至大众娱乐的重要内容。充斥银幕的热播剧、各大图书排行榜上的畅销书，许多都是以历史为题材。另外，学者皓首穷经的研究成果，则很少有人问津。冷静一想，这种现象不仅发生在我们大陆，即便在今日之美国、日本以及中国的台湾、香港，也无不如此。在世界华人社会里，是陈寅恪的《柳如是别传》，还是金庸的《鹿鼎记》发行量大？同是“三国”，读《三国志》的有几人，《三国演义》却是家喻户晓。小说《三国演义》《鹿鼎记》乃至电视剧《三国演义》《鹿鼎记》等对培养青少年历史兴趣的功能不容忽视。回想我们这一代历史学者，有多少人是因为读《三国演义》《水浒传》而喜欢上历史并走上专业研究道路，又有多少人一开始就是捧读《史记》《资治通鉴》的？显然是前者。

因此，不必鄙视大众读物，不必轻视大众读物乃至影视作品对于唤起人们对历史、对历史学产生兴趣的作用。同时，不可否认的是，有些大众读物、影视作品粗制滥造，闹了很多令人啼笑皆非的笑话，造成了不良影响。

《帝国的归宿》丛书出版在即，中国华侨出版社的年轻朋友嘱我为这套通俗历史读物写一篇序言。丛书将“以史为鉴，可以知兴衰”作为选题宗旨，详述秦汉隋唐宋元明清等主要朝代的兴亡过程。粗读全稿，与一般历史读物相比似乎并无特别之处。细读之下，却感受到了其中的与众不同。丛书作者都是在科研、教育一线的青年史学工作者，他们秉持史学研究的科学方法，带着一份学术的尊严，投身大众读物创作，其热情与严谨洋溢于字里行间。全稿宏大叙事与历史细节并重，在正确的史学理论之下，从史料出发，切实做到了言必有据。特别难能可贵的是，不少作者将学界的新成果融会贯通，以普通读者喜闻乐见的方式进行传播和推广，这就是我们通常所说的科学普及工作。这一点在丛书的唐朝卷、元朝卷、明朝卷中都有很好的体现。

相信，这套丛书能够在众多大众历史读物中脱颖而出，得到广大读者的认可。

是为序。

方志远 丁酉秋九月望日

目 录

第一章

顺应民心

——刘邦建立汉天下

秦王嬴政灭六国，一统天下，建立秦王朝，设郡县，强化中央集权；兴帝业，创立皇帝制度。秦始皇用来巩固统一的举措，在中国历史上具有深远的影响。但是，秦政暴虐，赋役沉重，法令严酷，致使秦王朝二世而亡。陈胜首举亡秦之旗，六国豪杰乘机而动，秦灭楚兴；楚汉争雄，刘邦大胜，大汉王朝建立。

西汉建立初，百废待兴。汉高祖刘邦及其功臣，反思秦亡教训，以“清静无为”为方针，休养生息，恢复发展生产，稳定国基。西汉汉文帝、汉景帝统治时期，轻徭薄赋，改革刑罚，提倡节俭，因故有“文景之治”。

第一节 楚汉相争 逐鹿中原

一、刘项争雄 鸿沟为界

秦二世元年（前 209 年）七月，被征发戍守渔阳（今北京密云西南）的 900 人在大泽乡（今安徽宿州东南）遭遇大雨，道路阻断，无法按时到达指定地点。秦法规定，失期要判处死刑。出身雇农且在戍卒中担任“屯长”的陈胜、吴广，意识到失期是死罪，反秦也是死罪。两人密谋在“天下苦秦久矣”的背景下，反抗秦王暴政。他们将写有“陈胜王”的帛书放置于鱼腹中，戍卒买鱼得书，传为怪异；吴广又于夜中在宿营附近处篝火狐鸣，发出“大楚兴，陈胜王”的呼声。在进行这些鼓动后，陈胜、吴广率领戍卒，杀死两名押送他们的将尉，用已死的秦公子扶苏及已故楚将项燕之名，号召同行戍卒起来反抗，“且壮士不死即已，死即举大名耳，王侯将相宁有种乎！”

陈胜“王侯将相宁有种乎”一语，表达了他认为王、诸侯、将军、丞相不是天生的，而是靠力量夺取的决心，为起义军鼓足了勇气。于是，陈胜为将军，吴广为都尉。起义军迅速攻占了大泽乡、蕲县（今安徽宿州南），行军至楚国故都城陈（今河南淮阳）时，起义军队伍已经扩充军力至车六七百乘、骑兵千余人、步兵数百万的规模。一些六国旧贵族和士人纷纷投到陈胜帐下，企图兴复国家。魏国的张耳、陈余听说陈胜要称王，急忙劝阻，劝说陈胜应该立六国中的后代为王，才能顺应民心。陈胜哪里肯听，便自立为王，国号“张楚”（所谓“张楚”，有大张楚国之意）。陈胜、吴广起义之后，各地民众纷纷响应，“当此时，诸郡县苦秦吏者，皆刑其长吏，杀之以应陈涉”，反秦势力遍布大江南北。

陈胜自立为王后，兵分三路攻秦。“假王”（代理王）吴广监督诸将西向攻荥阳（今河南荥阳东北），计划攻取荥阳、函谷关（今河南灵宝市东北）、武关后，率兵进攻秦都咸阳；武臣率兵北进赵地；魏人周市攻魏地。吴广军在荥阳受阻，陈胜增派周文前去支援，西向攻秦。周文军发展很快，进抵关中的戏（今陕西临潼）时，兵卒有数十万。秦二世惶恐，连忙赦免骊山刑徒为兵，派章邯统领刑徒镇压义军。周文军被章邯击败，退出关中；退至渑池时，又被章邯军大败，周文自杀。章邯又率兵东进荥阳，吴广为部将田臧所杀。田臧率军迎击章邯军，兵败而死。章邯直逼陈，陈胜兵败退至下城父（今安徽蒙城），被车夫庄贾杀害。最终，陈胜部将吕臣率领“苍头军”收复陈，处死庄贾。

时代造就了陈胜、吴广。他们本来是生存于庞大秦国最底层末端的乡野之人，但他们超越乡野，建立起了政权。虽然只是短短的六个月，但也实现了既定的建国目标。据说张楚建都于陈地，那里曾经建有华丽的宫殿。陈胜年轻时的某位雇主访问陈胜宫殿时，曾惊讶地用楚地方言喊道："伙颐！"（表示惊叹）陈胜之举是农民出身的皇帝刘邦的先驱，反秦浪潮也是由他激起，"陈胜虽已死，其所置遣侯王将相竟亡秦，由涉首事也"。西汉文帝时期的贾谊认为陈胜出身贫贱，"蹑足行伍之间，而崛起阡陌之中"。就是这样一个人物，"削木为兵，揭竿为旗"，得到了天下百姓的响应，"山东豪俊遂并起而亡秦族矣"。

较早起兵响应陈胜的有项梁、项羽。项梁的父亲项燕是战国末年楚国名将，被封于项，家族因此以项地为姓。项梁本人熟读兵书，号称"知兵"者。项羽是项梁的侄子，身高八尺，力能扛鼎。项羽年少时，读书不成，学剑又不成。项梁很生气，项羽却认为，"书足以记姓名而已，剑一人敌，不足学，学万人敌。"项梁教他兵法，项羽"大喜"，但略知其意后，就不肯再学。秦始皇三十七年（前 210 年），始皇帝巡游会稽，渡钱塘江。项梁带项羽观看。别人见到皇帝的气派都惊惧不已。项羽却认为，"彼可取而代也！"项梁闻言大惊，赶忙阻止他："勿妄言，族矣！"

秦二世元年（前 209 年）九月，会稽郡守殷通打算起兵反秦，并已组织起队伍，想让项梁统领军队。项梁指使项羽借机杀死殷通，并夺取他的军队。又派人接收吴中下属各县，得精兵 8000 人。

项梁自任会稽郡守，项羽为副将。

“大风起兮云飞扬”，这是刘邦的著名诗句。秦失其鹿，天下逐之。在这场角逐中，刘邦起初并不显眼，但纵横驰骋，终有天下。

刘邦，字季，沛丰邑中阳里人。他为人大度，不拘小节，喜欢施与，不爱劳动。可能是因为后来当上了皇帝，所以关于他的早年经历，便披上了一件神秘的外衣。刘邦曾做泗水亭长，贪酒好色。据说他经常到一个叫王媪的人开的酒铺里赊酒，而且一去便喝得大醉，酒店主人曾见他身上有“龙盘踞”。与项羽一样，刘邦也曾见过秦始皇出巡的场面。那是在他去咸阳服徭役的时候，一次外出看到了始皇帝出巡。皇帝的威严与排场震撼了他，他由衷地感叹道：“大丈夫当如是也！”

刘邦受县官委派向骊山押送徒役，途中，徒役逃跑过半。刘邦自知犯下死罪，便借酒壮胆，趁着夜色把所剩的役徒也“放生”了。其中有十来个壮士被刘邦的豪情所感动，自愿留下来跟随他赴汤蹈火。

据说在那天夜里，有一条白色大蛇挡住了刘邦等人行进的道路。众人畏惧不前，刘邦却鼓励人们说：“壮士行，何畏！”他借酒壮行，提剑将白蛇斩为两段。这便是后来广为流传的刘邦提三尺剑，斩白蛇起义的故事。这个故事后来被渲染得越发神奇。传说白蛇是白帝之子，而刘邦是赤帝之子。这样，刘邦斩白蛇便成了改朝换代的“祥瑞之兆”。

当时天下已经动荡起来。沛县县令为了保全自己，也想响应起义。狱掾曹参、吏掾萧何本来就与刘邦私交甚好，此时便向县令建议召还刘邦，借其武装，胁迫民众造反，县令遂派樊哙去找刘邦。于是刘邦带着几百人的队伍和樊哙一起回到沛县县城。县令害怕自己指挥不了刘邦，便关闭城门，据守城池，不让刘邦进城，又想把欲为内应的萧何、曹参杀掉。萧何、曹参投奔刘邦，并为刘邦出谋划策。刘邦采纳萧何的建议，将帛书绑在箭上射入城中。书中讲，“天下苦秦久矣”，现在诸侯并起，沛县父老乡亲如能响应诸侯，选择当立之人为首领，则家室完好，不然，“父子俱屠”。这道帛书，利害关系均讲得透彻明白。沛人得书，于是杀了县令迎接刘邦入城。从此刘邦便以沛县为据点，聚集人马，正式举起了反秦大旗，人们称其为“沛公”。

沛县是刘邦得到的第一座城池，沛公是他获得的第一个“官号”。在以后的岁月里，他虽然身份多有变化，但一直到做皇帝之前，人们都习惯称他为“沛公”。萧何、曹参、樊哙等人，则成为刘邦开创帝业的“文臣武将”。

刘邦起兵后，势单力薄，又缺乏战斗经验，在强者云集、弱肉强食的环境中，要想生存和发展就要依附强者。当时秦嘉立旧楚贵族景驹为楚王，刘邦就率众投奔他。但没过多久，秦嘉就被项梁所灭。刘邦又改投项梁。项梁很器重刘邦，给他 5000 兵，10 员将领，让他与项羽同为军中主力。项梁召集各路义军首领，在薛地开会，决定联合反秦，又采纳了范增的建议，立前楚怀王熊槐之孙熊心为王，定都盱眙（今江苏盱眙县东北），仍称“楚怀王”，以此来安抚民心，号令天下。是为薛地会议。

在以后的战争中，起义军不断取胜，逐渐产生轻敌思想。定陶（今山东定陶县西北）一役，项梁军被秦军章邯部战败，项梁战死。此前暂时取得优势的项羽、刘邦部队，也不得不改变西进战略，率兵东归，退守彭城（今江苏许州）附近。章邯大破项梁后，认为“楚地兵不足忧”，便率军北上渡河攻赵，击破邯郸，围困赵王及赵军主力于巨鹿（今河北平乡西南），被围困中的赵王一再向各地告急求救。秦二世三年（前 207 年）九月，楚怀王兵分两路，一路以宋义为上将军，项羽为次将，范增为末将，率领主力 5 万人北上救赵；另一路由刘邦率领，向西直捣关中，并与诸将约定“先入定关中者，王之”。

宋义所率领的军队开始迅速行军，仅用 1 个月就到了安阳（今山东曹县东），此地距被围困中的巨鹿大概只有三天路程。令人不可思议的是，宋义却命令军队停在了安阳，逗留不进，希冀秦、赵苦战而坐收渔翁之利。项羽一再建议应立即渡河救赵，内外夹击，以破秦；否则“以秦之强，必灭新造之赵”。宋义不听，传令军中，凡言战者皆斩之！此后，他每天饮酒作乐，高卧安睡；而军中已无粮食，士卒只能以芋菽果腹。项羽果断斩杀宋义，取而代之。怀王不得已，只能接受既成事实，拜项羽为上将军，授权他统领全军。

项羽杀掉宋义后，迅速派当阳君、蒲将军率兵两万渡过黄河，截断秦军粮道。二位将军初战小胜。随后，项羽亲率大军，“皆沉船、破釜甑、烧庐舍，持三日粮，以示士卒必死，无一还心”。这一破釜沉舟的壮举，极大地激发了士兵的斗志。在战场上，“楚战士无不以一当十，楚兵呼声动天”，那些作壁上观的诸侯军无不人人惴恐。项羽大败章邯军队，解巨鹿之围，“由是始为诸侯上将军，诸侯皆属焉”，成为反秦联军的实际军事领袖。巨鹿之战后，秦军主力受到重创。章邯在无奈情形下，率 20 余万秦军投降项羽。

巨鹿之战是义军与秦军间的一场大决战。经此一战，义军消灭了秦军主力，项羽在反秦义军中的领袖地位由此确定。

当怀王派宋义、项羽北上援赵之际，派刘邦西行略地，向关中进发。刘邦自投奔项梁后，和项羽似乎很是相得，两人总是共领一军出战或同当一面，像是形影不离的兄弟。据说当怀王派刘邦西行时项羽也请求同往，只是怀王左右的老将们极力反对：以为项羽彪悍残暴，是屠城的能手。关中人民，久苦苛政，可以德服。他一去反失人心唯有刘邦忠厚长者，可胜宣抚之任。因此，怀王不许项羽和刘邦偕行。

宋义、项羽等北上救赵之军和刘邦西进之军分途出发。刘邦转战于今豫东豫南，取道南阳以向武关。这时秦的兵力被吸引在河北，这一路的楚军并未遇到劲敌。刘邦从洛阳南下，与张良相会。先前，张良同韩王领兵千余，向西进攻韩地，夺取了数城，又被秦军夺回，只能在颍川一带做游击战。此时，领兵与刘邦相会，占领了韩地十余城。刘邦遂令韩王留守阳翟，自己同张良前进，攻打南阳郡。郡守兵败，退守宛城。刘邦便打算越过宛城直取关中。张良进谏说："现在虽急于入关，但关中兵尚众，且凭险相拒，若不攻下宛城，腹背受敌，这是危道。"刘邦便半夜隐匿旗帜，绕道回军，黎明，围宛城三匝。宛城之敌力量不支，城守齮欲自杀，其舍人陈恢自告奋勇，出城劝说刘邦收降宛城。他指出，宛城坚固，如果将军尽力攻城，士兵死伤必多；引兵而去，宛城必威胁于后。前者失咸阳之约，当不上关中王；后者又有强宛之患。因此，他建议刘邦约降，封宛城守，然后率大军西进。如此，则沿途没有被攻下的诸城就会开门而待。刘邦认为他的话有道理，就纳降了齮，封他为"殷侯"，陈恢献策有功，受封千户。随后刘邦引兵西进，一路所经城邑纷纷迎降。

当初陈胜揭竿而起，秦二世闻讯后很是担忧，但赵高说盗贼不足为虑，秦二世也就相信了。经巨鹿一战，秦军主力丧失殆尽。刘邦又攻占武安，关中危如累卵。赵高怕秦二世降罪下来，便先下手杀死秦二世，派人与刘邦约分王关中，刘邦断然拒绝。赵高不得已，另立子婴为王，去帝号。没想到子婴对赵高恨之入骨，派人将其刺杀，灭三族。

此时刘邦兵临武关，秦军已无斗志。刘邦破峣关后，大败秦军于蓝田。随后，刘邦率军抵达灞上，秦王子婴以绳系颈，乘素车白马，持皇帝御玺、符节，降于轵道旁。至此，秦始皇所开创的大秦帝国灰飞烟灭，他所幻想的万世基业仅二世便短命而亡。

入关中后，刘邦与民“约法三章”：“杀人者死，伤人及盗抵罪”；利用“秦吏”来宣谕政令，很快稳定关中秩序，深得秦人拥护。建立国家仅靠“约法三章”是无法治理的。但是，这是在刘邦集团希望得到尽可能多支持者的动乱年代，那时的口号越是容易理解，就越能获得人心。

对项羽来说，对于趁自己救赵之隙抢先入关的刘邦是无法容忍的。出于愤怒，项羽立即率全军入关，进驻鸿门（今陕西临潼东）。当时，项羽大军 40 万，号称百万，刘邦只有十余万，号称 20 万。鸿门宴中，刘邦施展“柔性”身段，“臣与将军合力而攻秦，将军战于河北，臣战于河南，未尝想能先入关破秦，得以在此又见到将军”，以卑躬姿态、谦卑言辞，向项羽示忠、屈服。数日后项羽进入咸阳，大肆杀戮，“杀秦降王子婴，烧秦宫室，火三月不灭”。后来北魏时期郦道元所著《水经注》说：项羽盗掘秦始皇陵，用三十万人搬运随葬品，用了三个月还没有搬完。这是夸张的记载。近年，在兵马俑二号坑发现了这一时期的盗洞，兵马俑坑天井的棚木也发现火烧后碳化的痕迹。项羽的残暴行径与刘邦的亲民形象形成鲜明对比，使关中民众对项羽大失所望。

曾有人劝项羽“关中阻山河四塞，土地肥沃富饶，可以在这里建都成就霸业”。但是他见咸阳已经化为灰烬，未予以考虑。当时他认为：“富贵不归故乡，如衣锦夜行，谁知之者！”于是东归故乡。然后将楚怀王升格为义帝（后又遣人袭杀之），自立为西楚霸王，建都于彭城（今江苏徐州）。项羽以诸侯联军盟帅的身份，封自己的部将、秦降将及既成定局之诸侯王者为王，共18个诸侯王国。刘邦被封到最偏僻的汉中地区当汉王，管辖巴、蜀、汉中41县，国都在南郑（今陕西南郑）。并三分关中，把秦朝降将章邯、司马欣、董翳封于此，以阻刘邦东出。

分封不仅未能收拾割据局面，反倒引发并加剧了诸侯混战。汉元年（前206年），没有得到封地的齐国实力人物田荣愤而起兵，迎击项羽封立的齐王田都，实际控制齐地并自立为齐王，各诸侯国之间也重燃烽烟。刘邦感到形势对自己有利，也以替楚怀王报仇为借口，趁项羽出兵攻打其他诸侯时，决定出关与项羽争锋天下。刘邦以萧何为丞相，留守巴蜀，安抚和管理后方，他亲自和韩信率领大军暗度陈仓(今陕西宝鸡东),并迅速占领了关中全境。于是,长达四年的楚汉战争正式拉开了帷幕。

此时的项羽军占据着优势,五十余万汉军之中被杀者十余万人。留在沛县的刘邦家人被抓为人质,刘邦本人也勉强得以逃脱。汉三年(前204年),刘邦求和,就以荥阳以西为汉的领地,未能得到项羽同意。当时一直效力于项羽的范增力主对汉采取强攻,刘邦则用陈平的离间计使范增离项羽而去,死于归乡途中。楚汉双方在荥阳东北的广武山对峙了10个月,因为有关中和蜀地的支援,刘邦逐渐占了上风,而项羽则兵源、粮草逐渐不足。刘、项军事力量发生了明显的逆转。楚军后方不断遭到彭越骚扰,项羽不胜其扰。此时韩信也攻占了齐地,三分天下的大势已成。在此情况下,项羽急于从荥阳战场上脱身,最后在辩士侯公的说和下,刘、项约定:以鸿沟(今河南荥阳、中牟一带)开界,“中分天下”,东西分治。西边属汉,东边归楚。项羽归还了刘邦的家人。

二、霸王别姬　刘邦登基

楚汉和约后,汉高祖四年(前203年)九月,项羽引兵东归。刘邦采纳张良、陈平的计策,立刻集结军队毁约,命令向楚军追击。他遣使与韩信、彭越约期会师,合击项羽。

汉高祖五年（前202年）十二月，项羽至垓下。当时项羽所剩兵力为10万人。由于“楚城士无不以一当十”，战斗力仍很强。汉军的阵势排列是：韩信将30万自当之，孔将军居左，费将军居右，是第一线；刘邦在后，是第二线；周勃是第三线。战斗开始，韩信佯败。项羽大举追击。韩信杀回马枪，大败楚军。第二、第三线未动，楚军便被打垮。入夜，四面汉军唱起了楚国苍凉的民谣，项羽大吃一惊：莫非汉军已经占了楚国？汉军中怎么会有那么多楚人？他在“四面楚歌”之中，无法入眠，在营帐中喝着闷酒，这位末路英雄面对绝境，慷慨落泪，唱起一曲悲歌：

力拔山兮气盖世，
时不利兮骓不逝，
骓不逝兮可奈何，
虞兮虞兮奈若何！

项羽反复高歌，美人虞姬在旁应和，凄惨的情景，失败的无奈，令一代豪杰潸然泪下。走投无路的项羽，在左右的哭声中，泣别虞姬，趁夜黑率领800骑兵突围南奔。黎明时分，汉军发觉，立即派灌婴率5000骑兵紧追不舍。渡过淮河后，项羽的随从已逃得只剩下百余人。到阴陵（今安徽定远县西北）时，项羽迷了路，向一位农夫问路，他指点往左走，使项羽一行陷于一片沼泽中，因此让汉军追上了。项羽且战且奔，到东城（今安徽定远县东南）时只剩下28骑。在数千汉军骑兵的追击下，项羽自知不免，感到老天爷实在不保佑他，对部下说："吾起兵至今八岁矣，身七十余战，所当者破，所击者服，未尝败北，遂霸有天下。然今卒困于此。此天之亡我，非战之罪也！"

项羽逃至乌江（今安徽和县东北），江水滔滔，只有一叶小舟。驾舟的乌江亭长请他乘舟过江，劝他说："江东虽小，地方千里，众数十万人，亦足王也。愿大王急渡。"项羽笑说："天之亡我，我何渡为？且籍与江东子弟八千人渡江而西，今无一人还，纵江东父兄怜而王我，我何面目见之？纵彼不言，籍独不愧于心乎？"

项羽将坐骑送给亭长，用短刀与汉军搏斗，又杀了数百汉军，自己也受伤数处。这时，他见到了熟人吕马童，这不是老朋友吗？听说汉王用一千两金子和一万户邑买我的头，就成全了你吧！说罢举刀自刎。王翳抢上去砍了项羽的头，将士一哄而上争夺他的尸体，互相争斗，自相残杀，死了数十人。最后，吕马童等四人各抢到一块尸体请功，汉王封他们几人为侯。

项羽死后，楚地全部降汉，只有他的封地鲁城（今山东曲阜）还在坚守。直到将项羽的头拿来，城内人确信项羽已死，才打开城门投降。至此，楚汉之争以汉王刘邦的胜利而告终。

有人认为，项羽之败，不败于军事，不败于政治，而败于刘邦的背信弃义、阴谋诡计。著名女词人李清照还写下了"生当作人杰，死亦为鬼雄；至今思项羽，不肯过江东”的著名诗句，以表达对项羽的崇敬和惋惜。

实际上，楚汉战争初期，楚军在兵力上是占很大优势的，刘邦并不具有“高才”的资格。

在刘邦成为汉朝的“太祖高皇帝”后，尽管史臣给他编造了一系列传说，却无法掩盖他出身“细微”的事实。刘邦出身在一个普通农家，父母连名字都没有，史书上只能称为“太公”和“刘媪”（刘大娘）。本人只担任过亭长，是最低级的吏。而项羽家世代楚将，是名将项燕的孙子、项梁的侄子。论出身和家庭背景，都比刘邦有更大的号召力。

起兵前的刘邦没有什么本事，好吃懒做，不治家业。有一次他带朋友来家里吃饭，大嫂很讨厌，故意将锅底刮得很响，让他们知道锅里已经没饭了。他好酒，却没有钱，经常向王媪、武负家赊账。他好色，大儿子刘肥就是他和一位“外妇”（姘妇）曹氏生的。单父（今山东单县南）人吕公是沛县令的朋友，来到沛县后贺客盈门，负责收贺仪的萧何只能规定：“礼钱不满一千的人，请在堂下就座。”刘邦登门后声称“贺钱万”，吕公闻讯大惊，连忙起身迎候，招呼他就座。其实刘邦身上一文不名，萧何知道他的底细，怕自己为难，就说：刘邦一向好说大话，办不成正经事。刘邦大模大样坐了上座。这居然引起吕公的好感，将女儿（吕雉，以后的吕后）许配给了他。此种行为，连刘邦的父亲都称他为“亡（无）赖”。

相比之下，项羽年轻时虽不愿读书学剑，却希望能学到能对付万人的本领，并粗通兵法，力能扛鼎，才气过人，武功不可谓不强。见到秦始皇巡游的排场后，竟认为“他可以被取而代之”，比刘邦认为的“大丈夫当如是也”更有气派，志向不可谓不高。从他的作战记录，特别是最后的垓下之战看，他称得上是当时最勇猛的将领，当然远在刘邦之上。他自杀时仅 31 岁，没有后人，仅与虞姬的泣别见于记载，大概不像刘邦那样寻花问柳。

刘邦起兵时，只在沛县征集到两三千人，而项梁、项羽渡江时已有子弟兵 8000。刘邦连故乡丰邑也攻不下，得到项梁资助的部队和将领后才取胜。项梁在时，刘邦听从他的调遣。项梁死后，对付秦军主力章邯的是项羽。刘邦打的硬仗并不多。入关后，刘邦的军队只有 10 万，而项羽拥有 40 万大军。刘邦去汉中时，项羽只拨给他 3 万士卒，沿途还有不少人逃亡。就是在楚汉之争中，刘邦也屡次失败，家人被俘，胸口中箭，几次死里逃生。

但是历史恰恰让刘邦成为最后的胜利者，给项羽安排了一个悲剧结局。历史提供了一种机遇，但并非只给刘邦一人，却让刘邦争取到了。从这一角度看，刘邦的成功自然不是偶然的。

平定天下以后，刘邦曾向群臣询问自己得天下、项羽失天下的原因。《史记·高祖本纪》记述当时高起和王陵是这样回答的：

“陛下慢而侮人，项羽仁而爱人。然陛下使人攻城略地，所降下者因以予之，与天下同利也。项羽妒贤嫉能，有功者害之，贤者疑之；战胜而不予人功，得地而不予人利，此所以失天下也。”

这个回答很到位。

刘邦虽然谩骂斥责部下，但他承认部下的功劳，把他们攻占的土地毫不吝惜地分封给他们。

项羽大概也不是吝啬小气，只是他认为这世上没有一个比他更贤能有才的君主，也因此嫉贤妒能。部下打了胜仗，也认为是自己这个总司令指挥有方，所以不会表彰部下。

刘邦听了这段话后，并不完全认同。《史记·高祖本纪》记载，刘邦认为：

夫运筹策于帷帐之中，决胜于千里之外，吾不如子房；镇国家，抚百姓，给馈饷，不绝粮道，吾不如萧何；连百万之军，战必胜，攻必取，吾不如韩信。此三者，皆人杰也，吾能用之，此吾所以取天下也。项羽有一范增而不能用，此其所以为我擒也。

刘邦与韩信也有过两次交流。一次是他刚拜韩信为大将，韩信问他："大王自料勇悍仁强比项羽怎样？"刘邦沉默了好久，只得承认"弗如"。另一次，刘邦与已被剥夺了兵权和王位的韩信讨论诸将带兵的本领，问道：像我这样的人，能带多少兵？韩信说：陛下不过能带十万。刘邦问：那你呢？答：像臣这样，多多益办（善），带得越多越好。刘邦笑道：多多益办！那怎么会被我利用呢？韩信：陛下不能带兵，而能带将，所以我会被你利用。况且您的本领是上天赋予的，非人力可比。

刘邦知道自己的本领有限，远不如项羽，所以要战胜项羽，只能重用杰出人物，发挥他们的作用，才能弥补自己的不足，克敌制胜。

这样的领导才能凝聚人才，项羽那样把一切功劳都据为己有的人，就不可能招贤纳才。即使才华出众，也无用武之地。如果表现出色，反而会遭到忌恨，受到怀疑。最典型的例子就是范增。项羽甚至对这个七十多岁的老人还疑心重重。刘邦对项羽的性格了如指掌，于是展开分化、瓦解、拉拢的工作。正是使用离间计，使得范增也离开了项羽。项羽的使者来访，陈平先是送上美味佳肴接待，当听到使者说自己是项羽派来的以后，陈平装作很吃惊的样子，说道：我还以为你是亚父派来的呢，原来你是项王的使者。然后撤下美味佳肴，换上粗茶淡饭。于是，项羽开始怀疑范增暗中和汉军私通，逐渐削减其权限。范增愤愤不平，辞职而去，在回乡途中，背部发疽而死。

第二节　与民休息　无为而治

一、汉承秦制　集权中央

公元前202年，刘邦即皇帝位，定都长安，史称西汉。在经历秦末一系列暴政及秦汉之际战争的影响后，汉初经济凋敝，物价腾涌，田地荒芜，人口锐减，民不聊生。即使贵为皇帝，也备不起一架由四匹纯一色马拉的车，一些将相大臣只能乘坐牛车。如何恢复生产，如何安抚百姓，如何重建帝业，如何巩固帝国，是汉初统治者必须面对、思考和解决的问题。反思历代兴亡，特别是秦朝短命而亡的原因，成为汉初君臣确立统治思想、制定国策之出发点。

历史上有一种通称，叫"汉承秦制"，即汉朝的规章制度基本上都是继承秦朝的。这是汉朝对民族历史的最大贡献。汉高祖刘邦及其继承者，为了巩固汉朝封建统治，继承和发展了秦朝时期的封建专制主义中央集权制度，建立起一整套比秦制更加严密的统治机构和各项制度。

第一，在政治制度上，基本上沿袭了秦时以郡县制为主干的中央集权制。汉初的中央官制和秦朝一样，在皇帝之下设“三公”“九卿”。三公仍为丞相、太尉和御史大夫，分别掌管全国的行政、军事与监察。九卿除卫尉、太仆、少府、宗正的官名照旧外，其他则改为光禄勋（秦郎中令）、太常（秦奉长）、大理（秦廷尉）、大鸿胪（秦典客）、大司农（秦治粟内史），以上职守都与秦代基本相同。地方仍沿袭秦的郡县制。郡县和县以下基层组织各级官吏及其职责，除郡守、郡尉分别改称太守、都尉外，其他也都与秦代相同。中央到地方的官员因俸禄多寡分成若干等。开国之初刘邦任用部下居重要官职，并留用部分秦代郡县官吏。以后的官吏多由郎、吏出身。郎为高级官僚或家赀富有者的子弟，平时在中央侍卫皇帝，一旦被召即可任官。地方郡县长吏之优秀者，可由长官向中央推荐，任职中央。文帝时，下诏郡国长吏，察举“贤良方正”，以加强朝廷的统治力量，选举制开始萌芽。

西汉除沿袭秦的郡县制外，还实行封国制。早在楚汉战争期间，刘邦为集中力量对付项羽，分封了拥有实力的将领韩信、英布、彭越、吴芮等数人为王，给予他们广大的疆土。由于这些人并非刘邦的子弟，所以称为“异姓王”。在项羽失败、刘邦称帝之后，刘邦与这些“有震主之威”的“异姓王”之间的矛盾迅速发展，且日益严重。在此后几年中，刘邦相继翦除了韩信、英布、彭越等人，只有一个长沙王吴芮，因势力孤弱，地处边远，又无不轨的迹象，因此被保留下来。

于是在实行郡县制的同时，又划出众多的疆土大封刘姓子弟为王，称为“同姓王”。同姓王共有九国，自北而南，分为燕、代、赵、齐、梁、楚、淮阳、淮南、吴。此外，加上尚存的长沙王吴芮，共有十个诸侯王国，其全部疆域的总合，几乎占去了旧时燕、赵、齐、魏、楚等国的全部疆土。他们在封国内是国君，权力很大。王国的政权机构和中央基本相同，除太傅和丞相由中央任命外，自御史大夫以下的各级官吏，都由诸侯王自己任命。诸侯王还有一定的军权和财政权，可在国内征收赋税。王国的疆土广大，人口众多，多数王国很富庶。如齐王刘肥有 6 郡，计 73 县。吴王刘濞有 3 郡，计 53 县。王国在政治上处于半独立状态。不过他们要奉行中央的制度法令，国内实行土地私有制。

汉高祖热衷于分封制，是在他错误地总结了秦朝二世而亡的教训所得出的结果，以为秦朝之亡，是因为废除了封建制，所以才“孤立而亡”，他希望同姓诸侯王能起到“藩屏”的作用。在诸侯王国以外，汉高祖还分封了许多侯国。这些侯国的地位与县相等，大多是封赏给有功之臣的。这样一来，汉代的地方制度就是郡县制度和诸侯王国并行，形成了汉初奇特的“郡国制”。

刘邦在封建同姓诸侯王时宣布：“非刘氏而王，天下共击之。”

其目的显然是想仰仗刘氏宗室的血缘关系，构筑皇权的屏障。与秦完全的郡县制相比，显然是历史的倒退。由于这些王国封地大，权力重，俨然独立王国，最终事与愿违，酿成了其后几乎倾覆帝国的吴楚“七国之乱”。

第二，在经济制度上，重新恢复和发展秦时的封建土地制度、编户制度和赋役制度。西汉建立后，汉高祖刘邦下令恢复在秦末农民战争由被打乱的封建土地制度。一方面，下令恢复那些逃亡在山泽的地主的爵位和田宅，并赐予那些占有大量土地的新旧封建贵族以长期免除赋役的特权；另一方面，又赐予扈从刘邦多年的有功将士以爵位、田宅，使他们成为新的地主阶级成员。此外，为维护其统治，还承认自耕农民即小农的经济地位。于是，整个封建土地制度被重新恢复过来。在恢复封建土地制度的基础上，西汉政府又沿袭和发展秦制，实行严密的编户制度，规定：流散各地的人民各归本乡，不得任意迁徙；户籍上登记人民的年龄、性别、身长、状貌以及土地财产等项，作为征收赋税和征发徭役、兵役的依据。同时，又颁布了一套赋役制度，规定：田租（赋）“什五而税一”；每人每年向封建国家交纳口赋和算赋：15 岁至 56 岁每年交纳算赋 120 钱（商人、奴婢加倍），7 岁至 14 岁交纳口赋 20 钱。另有定期的兵役和徭役，规定：丁男（23 岁至 56 岁）每年为“更卒”，服徭役一个月，还要服两年的兵役。汉朝的赋役制度基本上沿袭秦朝，但比起秦朝剥削量有所减轻。

第三，在法律制度上，仍然是在沿袭秦制的基础上加以损益。刘邦入关之初，为笼络人心，宣布废除秦的苛法，与父老约法三章："杀人者死，伤人及盗抵罪"。汉政权建立后，又令萧何以《秦律》为蓝本，制定《汉律》九章，秦代酷法基本上被保留下来。汉文帝鉴于秦朝因"用刑太极"，招致人民的起义，便"约法省禁"，废除诽谤妖言、妻孥连坐等酷法，废止断残肢体等肉刑，并赦免罪人，平缓刑狱，以缓和阶级矛盾。汉高祖还命韩信定军法，叔孙通定朝仪，张苍定历法，也都是因袭秦制而略有增减。

第四，在军事制度上，也是沿袭秦朝的建制，把全国的常备军集中在中央政府的统一指挥之下。在中央，设立南军和北军，作为防卫京城、由中央直接掌握的常备军。南军由卫尉统率，主要职责是保卫皇宫；北军由中尉统率，主要职责是卫戍京师。后来为了加强长安的卫戍力量，又增设了城门、中垒、屯骑、步兵、越骑、长水，以及胡骑、射声、虎贲等几个校尉，隶属北军，并增设了期门军和羽林军，隶属南军。南军和北军原先都是由郡国的"正卒"中轮番征调而来，后来因为战争需要，兵力不足，又增加了招募。除了由中央直接掌握的这两支强大的常备军而外，地方郡国还有经常训练的预备军。山地或少马的地方多步兵，称为"材官"；平地或多马的地方多骑兵，称为"车骑"；近水的地区多训练水军，称为"楼船"。

第五，在秦制的基础上，制定出一套选拔封建官吏的选举制度。第一是“任子”，规定：凡二千石（指九卿、郡守以上官吏）任满三年者，可以保举子弟一人为官；第二是“资选”，规定：除有市籍的商人外，凡向政府缴纳资财在十万钱以上的，可以任官；第三是“辟召”，即由公卿大臣保荐也可做官。随着地主阶级势力的发展，西汉政府为了更广泛地吸收地主阶级知识分子参与政权以巩固统治，汉武帝时期又在汉初“举贤良方正”的基础上，令郡国每年举孝廉一人，作为选拔官吏的一种经常形式。后来又采纳董仲舒建议，在长安设立太学，入学者称为博士弟子，学习五经、文学，考试合格，即可按成绩高低补官。

以上是“汉承秦制”的主要内容。其结果进一步巩固和发展了秦朝时期的中央集权制度，对于后世封建社会有着重大的影响。

二、削藩强权 吴楚造反

高祖在铲除异姓王后，又陆续分封了许多同姓王，想以此来巩固汉家江山。这些王国有一定的管辖范围，权力很大，他们有权任免官吏、征收赋税、铸造货币，几乎成为国中之国，使“汉法令非行也”。到了汉文帝刘恒统治的时代，分裂割据的危机逐渐严重起来。文帝是以外藩继位的，原来在朝廷毫无基础，被拥立的条件只是由于年长和母亲薄氏家是“君子长者”，登基后只能先恢复齐、楚、赵诸国故地，并分封有功宗室作为酬答，对同姓王也优礼有加。于是，同姓王国的势力更为膨胀，居功自傲，目无朝廷，一些诸侯王专横跋扈，不遵守中央政府法令，有的诸侯王甚至招纳亡命，煮盐铸钱，积蓄经济军事力量，阴谋夺取帝位，以致谋反作乱的事也随之发生。当时，汉朝中央政府直接管辖的，不过是关中、巴蜀地区的 15 个郡。而王国直接控制的竟有 39 个郡。王国势力的强大，成为朝廷面临的重大威胁。这样，就形成尾大不掉之势，产生了皇权和藩国即中央政权和地方割据势力之间的矛盾和斗争。

汉文帝三年（前 177 年），济北王刘兴居趁文帝去太原之机，准备发兵西袭荥阳，最后兵败自杀。他谋反的原因是自以为诛吕有功，文帝封他的济北国地方太小，心怀不满。

同年，淮南王刘长入朝，他自以为是皇帝的弟弟，关系最亲，平时不守法度，文帝一次次予以宽恕，他却更加肆无忌惮。在与文帝去打猎时，他公然坐上皇帝的车子，不时称文帝为“大兄”。刘长身强力壮，力能举鼎。他身带一把铜锤去见辟阳侯审食其，见面后就一锤砸去，令随从将他杀了。原来 20 年前高祖路过赵国时，赵王派一位美人侍候。高祖走后，赵王发现美人已怀孕，就将她送到宫外。不久高祖下令逮捕赵王全家，美人亦未幸免，被拘留在河内狱中，美人的弟弟赵兼通过审食其报告吕后，吕后因忌妒不愿告知高祖，审食其也不敢坚持。那位美人就是刘长的母亲，她生下刘长后，见仍未得到皇帝承认，便愤恨自杀了。刘长封王后，认为审食其当初没有尽职力争，对母亲的死负有责任，就擅自杀了他。当朝大臣在光天化日下被诸侯王所杀，引起朝野震惊，但刘长声称是“为天下诛贼，报母之仇”，文帝只得不予追究。当时，上至薄太后，下至太子、大臣都害怕刘长。他归国后更加骄横不法，甚至不用朝廷法令，不守规定的礼仪。文帝下诏责备，仍然无效。没办法，文帝就让自己的舅父、将军薄昭以长辈的身份给刘长写了一封措辞严厉而恳切的信，劝他改过自新。刘长接信后很不愉快，在汉文帝六年（前 174 年）密谋策划，用 40 辆车装载武器，在长安西北的谷口作乱，还派人与匈奴、闽越联系。阴谋暴露后，刘长的王位被废，遣送蜀郡严道。刘长在车中绝食自杀。

针对这种情况，当时著名政论家贾谊向文帝提出削藩的建议。他指出：“今天下之势，方病大肿，一胫之大几如腰，一指之大几如股。”藩国的嚣张已经危及西汉封建统治，必须采取“强干弱枝”的削藩政策，把大的诸侯王国用分封的方式分成几个小的诸侯王国以削弱其势力。文帝采纳了这个建议，把齐分为七国，淮南分为三国。文帝后期，晁错更是力主削藩。他的才学胆识，博得文帝称赏，被任命为“太子家令”，号称“智囊”。但他的削藩建议，却未被文帝采纳。

晁错，颍川郡人。早年学习申不害、商鞅的刑名学说。因通晓文献典故，走上仕途，当了太常掌故。

文帝时，朝廷没有一个研究《尚书》的专家，只听说济南人伏胜原是秦朝的博士，精通《尚书》，已经90多岁，因年老不能征召，文帝就诏令太常派人去向他学习。晁错被派前往，回朝后上书报告向伏胜学习《尚书》的情况。

文帝诏令朝廷大臣推举贤良学士，晁错是被推举者之一。文帝亲自以诏书策问，晁错呈上《举贤良对策》，对时政大发议论。这时，贾谊已死，对策者100余人，唯有晁错名次最高，被提升为中大夫，做了朝廷的顾问。

景帝即位，很想有所作为。他提拔晁错为内史。晁错多次请求与景帝单独谈话，景帝每次对晁错所议无不采纳，受宠超过九卿，“法令多所更定”。这就引起了一些老臣的不满，丞相申屠嘉是高祖时的大臣，因口才不好，所言不被采纳，愤恨晁错。当时的内史府坐落在太上庙的墙外，大门朝东，因外有庙墙挡着，出入不方便，晁错就命人开了一个南门以便出入。申屠嘉得知后大怒，打算以此为突破口，奏请皇帝杀掉晁错。晁错听到消息，当晚向皇帝说明了情况。第二天申屠嘉上朝奏报，说晁错擅自拆庙墙为门，请求交给廷尉处死。景帝却说：这不是什么大事，“不致于法”。申屠嘉无奈，退朝后愤怒地对部下长史说：“吾当先斩以闻！”回到家里，因气愤，竟“呕血而死”。从此晁错更为显贵。

晁错升为御史大夫，掌管全国纠察、弹劾等事宜，地位仅次于丞相。晁错看到诸王国势力日益强大，发展下去，会严重影响到朝廷的政令与军令统一，就向景帝列举诸侯王势力膨胀的事实和危害，建议景帝削地，收回郡县。当时的吴王飞扬跋扈，晁错上《削藩策》，认为诸王“今削之亦反，不削之亦反。削之，其反亟，祸小；不削，反迟，祸大”。朝廷最终采纳了晁错的建议，开始削藩。

在诸藩王中，首先引起朝廷注意的，就是最具反叛倾向的吴王刘濞了。汉高祖刘邦分封同姓王的时候，封自己的侄子刘濞为吴王，让他统治 3 个郡共 53 个县。封王仪式结束后，刘邦召见刘濞，端详了他的相貌后，见他面带反相。刘邦心中后悔，但不便收回成命，于是摸着刘濞的背说：“汉朝开国五十年后东南要是发生叛乱，难道会是你吗？但天下的同姓诸侯都是一家人，千万不要造反呀！”刘濞叩头说：“我不敢。”刘邦的预感不幸成为事实。汉景帝三年（前 154 年），以吴王刘濞为首发动了“七国之乱”。

刘濞是刘邦的次兄刘仲之子，血气方刚，雄心勃勃。曾利用铜山矿藏的天然资源，招亡命之徒私自铸钱，煮海水为盐，发展起手工业和商业。再加上朝廷实施不征收赋税的优惠政策，吴国很快就富了起来。他还想方设法收买人心，扩充势力。经过 30 年的积极准备，他自认为羽翼已丰，骄横自大，鞭指长安，大有一触即发的态势。

以开国皇帝的绝对权威，加上年龄、辈分、能力、经验等各方面的压倒性优势，刘邦对付这些王孙子弟绰绰有余。但到了他的儿子文帝、孙子景帝时，情况就大不一样了。刘邦和楚元王死后，吴王刘濞就成了最年长的同姓王，是文帝的堂兄、景帝的堂叔。本来，诸侯王每年应到长安朝请，以尽藩臣之礼。实际上这是以血缘为纽带，属于增进“同姓一家”情谊的手段。但刘濞日渐傲慢，根本不把皇帝放在眼里。他不亲自赴京，而是派太子作为代表到长安走个过场。有一次吴太子来到京城，拜见皇帝。宴饮之余，汉文帝令皇太子刘启同吴太子玩博棋。双方为了争棋路，各不相让。吴太子本来生性刁顽，又自小生活在唯我独尊的吴宫中，放纵恣肆惯了。再加上陪同他入都的师傅都是强悍骄横之辈，不但不善言劝解，反而推波助澜。两位太子面对棋局争斗，各自抢行不顾。双方语言多有冲撞，而吴太子又出言不恭。贵为皇太子的刘启气不过，一怒之下，顺手提起木棋盘砸了过来。吴太子也该命绝，竟被砸到了致命处，抢救不及，死了。作为父皇的汉文帝，免不了对皇太子刘启训诫一番。但人死不能复生，只能派遣朝中大臣护送吴太子的灵柩回吴国。刘濞看到死去的太子，对来使怨怒地说：既然刘姓为一家，死在长安就葬在长安，何必送来吴国！吴太子的灵柩又被退回了长安。刘濞本来就有反心，加上失子之痛，便更借口有病不朝。拖了几年，文帝难以对付，只得赐吴王“几杖”（茶几、手杖，对老年人尊敬和优待的象征），准许他因年老而不必朝见。

汉景帝三年（前154年），晁错发现楚王刘戊为薄太后服丧期间，有大逆不孝的行为，请求景帝诛之。后来刘戊虽被赦免，却被削去了东海及薛郡的属地。因为这件事，刘戊对朝廷也起了异心，与刘濞会合一道，共同谋反。

汉景帝三年（前154年），朝廷采纳晁错“削藩”的建议，准备削夺王国的封地，削吴国会稽、豫章二郡的诏书到达，吴王就宣布起兵，并杀掉了由朝廷派来的二千石（郡级）以下的官员。刘濞联合刘戊举兵反叛。他们打着“诛晁错，清君侧”的旗号，诱逼和联络其他诸侯王一道发兵。胶西、胶东、淄川、济南、楚、赵六国一齐响应，发兵西进。赵王还秘密派遣使者，联络匈奴出兵。齐王本来已参加谋反，最后因后悔而退出，在临淄城（今山东淄博市西北）固守。济北王也是同谋，但损坏的城墙来不及修好，被手下的一位郎中令挟持，不许他发兵。吴王下令全国总动员：寡人已经62岁了，亲自指挥。我小儿子16岁，带头当兵。国内年龄在62岁与16岁之间男子的全部征召入伍。征集到20余万人，东越和闽越也发兵随从。史称“七国之乱”。

七国反书传到京城，晁错认为吴国原来的丞相袁盎曾声言吴不反，是受了吴王金钱收买，专为吴制造舆论掩盖反象，建议朝廷治他的罪。袁盎，任侠之士，历任中郎将、齐国和吴国的丞相等官职，爱憎分明，直言不讳，言出必行，毫不犹豫。他从文帝时代就第一个主张必须削弱诸侯王的势力。他和晁错意见一致，性格也大概相似，但这两个人是水火不相容的死对头。晁错在的地方，袁盎绝不去；袁盎在的地方，晁错也绝不过去。

吴楚之乱一起，袁盎就先发制人，通过窦太后的侄子窦婴向景帝进言，说根据他得到的情报，吴楚起兵的目的只是为了杀晁错，恢复封地。只有杀了晁错，吴、楚方可退兵。并建议“发使赦吴楚七国，复其故地”，可兵不血刃，结束事变。汉景帝心存侥幸，不愿大动干戈，便任命袁盎为太常，秘密出使吴国。十多天后，丞相陶青、廷尉张欧向汉景帝弹劾晁错。他们认为吴王反叛朝廷，应该诛伐，但晁错之见疏远了君臣关系，不是臣子所应做的。他们建议汉景帝腰斩晁错，家人不论老少全部处死。汉景帝听信一面之词，暗中派中尉召晁错，假称要他上朝议事，此时的晁错还完全蒙在鼓里。他的车马经过长安东市，中尉忽然拿出诏书，宣读了景帝的诛杀令，不明就里的晁错就这样穿着朝服被斩于东市。

当初，晁错的削藩建议被朝廷采纳，他的父亲从颍川老家找来，对他说明利害关系。晁父说：刘家安定了，而晁家却危险了。我不忍心眼看着大祸降临啊。说罢饮鸩自杀。其实，晁错不是不知道上“削藩策”将付出的代价，但是他很坚定地认为：不如此，天子不尊，宗庙不安。晁错没有动摇，不过他绝不会想到，景帝会如此轻易地将他抛弃。

袁盎到达吴国时，刘濞听说要让他拜受诏书，笑道：我已经当了东帝，还用拜谁？将袁盎扣在军中，根本不见，继续进攻。

晁错死后，校尉邓公从前线回朝面圣。景帝问及吴楚是否罢兵？邓公回答，吴王蓄意谋反已非一日，削减封地只是一个导火索，而诛晁错也只是一个借口罢了。现在晁错既死，天下之人当闭口了。景帝惊问缘由，邓公说，晁错削藩实在是为了朝廷，这是有利于万世帝业的。可是建议还没有实行，他就被杀了，这种做法是内堵忠臣之口，外替诸侯报了私仇。汉景帝喟然长叹，追悔莫及！但事已至此，也只能积极应对。于是，景帝派代理太尉周亚夫、大将军窦婴率军迎击叛军。

周亚夫是绛侯周勃的儿子。汉文帝后元六年，匈奴大举侵扰边塞，文帝任命他为河内郡太守，驻军细柳，与驻军灞上的宗正刘礼将军，驻军棘门的祝兹侯许厉将军共同防御匈奴。为了鼓舞士气，文帝还亲自前去犒军。到了灞上和棘门，都是大队直接驰入，将领下马迎接。而到了细柳军营，却见军中将士披戴盔甲，张弓执刃，一派严阵以待的架势。文帝的车辇驾到，竟被守营的将士挡住。营门都尉说：“军中闻将军之令，不闻天子之诏。”文帝只好命侍从拿出皇帝的符节，派人通报周亚夫。周亚夫下令打开营门，文帝的车驾才得以进入。面对天子，周亚夫连马都不下，只拱手行礼说：臣盔甲在身，不能下拜，请允许按照军礼朝见。文帝大为震动，也扶着车前的横木欠了欠身，向周亚夫表示答礼。

营中官员告诫文帝侍从：军中有规定，军营内不许车马奔驰。侍从听了都很生气，文帝却吩咐大家缓慢而行。

这件事给文帝留下十分深刻的印象。回长安的路上，侍从们都愤愤不平，认为周亚夫藐视皇威，对皇上太过无礼了。但文帝却赞不绝口，称周亚夫治军严明，是真正的大将军。经过这次接触，文帝认定周亚夫是难得的将才。文帝临终前告诫太子说：即有缓急，周亚夫可为带将领兵的最佳人选。文帝去世后，周亚夫被调任为车骑将军。“七国之乱”爆发后，景帝按文帝的临终遗言，令周亚夫为太尉，统率大军反击吴楚叛军。

吴楚之乱，三个月就被平定，既有周亚夫的措置得当，也有吴王刘濞的失算，但其中最大的原因恐怕是这次举兵完全没有得到民众的支持。对于民众来说，当时的状态总体上处于稳定的休养生息时期，不愿意社会秩序被扰乱。诸侯王领地被削减，诸侯国被取消，这些对民众没有多大的影响。

七个诸侯王自取灭亡，晁错削弱诸侯王势力的政策在他被处死之后得以实现，这实在是一个讽刺。晁错的死对头袁盎后来被暗杀。他们生前是不共戴天的仇敌，死后却在《史记》和《汉书》中被亲密地放在同一卷里。历史总是留下诸多怅惘。

吴楚“七国之乱”是汉朝在休养生息时期唯一的惊涛骇浪，

因祸得福，这次叛乱的结果是诸侯王势力得以削减。虽然郡国制还继续存在，但已经没有拥有几个郡几十个县的大国，最多也不过是十几个县的小国。以前中央派到诸侯国的就是丞相，叛乱平息后，中央派往诸侯国的官员增加，名义上还称为“国”，实际上和郡县差不多。王国的行政权和官吏任免权被收回，官吏裁减，秩位降黜，使得诸封王只能衣食王国的租税，不能过问行政，从此成为有爵位而无实权的贵族。初步解除了藩王对朝廷的威胁，汉初以来“干弱枝强”的趋势基本得到纠正，中央集权显著加强，国家统一局面真正得到巩固。

三、励精图治　文景之治

汉初社会残破不堪，民众大量死伤流亡，“大城名都散亡，户口可得而数十二三”。许多农民流亡他乡，不得耕作，有的还为生活所迫，不得不自卖为奴。当时，社会财富更是极端匮乏，投机商人又乘机浑水摸鱼，囤积居奇，致使“物踊腾粜，米至石万钱，马一匹则百金”。百姓生活十分艰难。这时，恢复和发展生产、恢复民力、与民休息，就成了十分急迫的任务。

汉高祖以武力夺天下，重武轻文，士人多不得重用。太中大夫陆贾常以《诗》《书》劝说汉高祖，给他讲述文治的重要性。汉高祖听得很腻烦，骂道：朕在马上得天下，这些《诗》《书》有什么用？陆贾毫不相让。他问道：陛下在马上得天下，能在马上治天下吗？商汤、周武王都是逆取而顺守，文武并用才是长治久安之术。他又列举了吴王夫差等人“极武而亡”的教训，认为：秦一味实行严刑苛法，终被消灭。假如秦得到天下以后，效法先圣，大行仁义，陛下怎么能得到江山呢？汉高祖听后面有愧色。他说：帮我写一部书，写清楚秦失天下和我得天下的原因，以及古之成败者得失天下的经验教训。陆贾根据道家黄老学说，结合当时国破家残、百业待兴的社会状况共撰写了12篇论文，略述历史存亡之征。汉高祖很赞赏他的观点，把12篇论文合为一书，命名为《新语》。

汉初几十年，《新语》一直是朝廷的政治指导思想，它主张刑德并用，教化先行，顺民之情，与之休息，称为“无为而治”。

“无为而治”源于齐国稷下学宫一派。所谓“无为”，并不是一味消极地完全无所作为，而是顺应自然。特别是经过战乱之后，人民需要休养生息的安定环境，发展生产，所以“君臣俱欲休息乎无为”，顺应社会的发展。正是因为采取了“无为而治”的治国理念，经高祖、惠、文、景四朝，到武帝时，西汉政治、经济、军事都进入了空前鼎盛的时期。此是后话。

楚汉战争一结束，高祖就让大批士兵复员。汉高祖五年（前202年），朝廷连续下诏，奖励从事农业生产，并做出一系列政策规定：一、入关灭秦的关东人愿意留在关中为民的，免徭役12年，回关东的免徭役 6 年。二、劝说原先因逃避战乱逃亡山泽的人们回原籍，重新成为编籍内的民户，恢复他们的爵位、田地、住宅，让他们从事农业生产，并不准官吏虐待。三、原先因饥饿自卖为奴婢的，恢复庶民身份。对于从军士兵，朝廷还另外制定了一些优惠政策。如汉高祖八年（前 199 年）三月，朝廷下令：吏卒在平城战役中参战及守城邑者终身免除徭役。汉高祖十一年（前 196 年）六月，朝廷又下令：士卒跟随高祖入巴蜀、汉中和关中者终身免除徭役。大量士兵解甲归田，并在较长时期免除他们的劳役，对恢复农业生产十分有利。

为了使民众得以休养生息，朝廷实行了轻税薄赋的政策。秦汉时，政府的农业税和私人地租都叫"租"或"税"；"赋"，一般指户赋、口赋、算赋等户口税。大汉建国后，"轻田租，什五而税一"。即只抽农作物的 1/15 为农业税，税率是比较低的。

汉初户口税沿袭秦制，每户每年交户赋 200 钱。另有算赋，汉高祖四年（前 203 年）起在关中开始实施，规定 15 岁至 56 岁的成年人每年出 120 钱，叫作一"算"，主要用来供军费开支。全国统一后，郡县官吏特别是地方诸侯王，以向皇帝"献费"为名，随意大增赋额，为民众所痛恨。为了约束地方官员对农民的盘剥，高祖下令："献费"定为 63 钱，不得额外再增。

高祖结合实际，汲取秦末"收泰半之赋"和"戍役无已"以致激起农民起义的教训，在赋税和徭役方面采取了有节制的政策。这种政策有利于调动农民的生产积极性，稳定作为朝廷执政基础的小农生产，恢复在长期战争中遭到破坏的农业经济。他所制定的一系列重要制度和政策，不仅对巩固刚刚建立的汉家江山是必要的，而且对绵延 200 多年的整个西汉政权都起到了“立制垂范”的作用。

萧何和曹参对稳定汉初局势也做出了巨大贡献。萧何因助吕后定计收捕淮阴侯韩信，被拜为相国。做相国期间，他秉承《新语》“无为而治”的宗旨，与民休息。当时的“无为而治”主要体现在三个方面：一是在思想上提倡清静淡泊，以道家思想教化人民；二是在政治上逐步削弱诸侯藩王的政治势力，对处在北方的匈奴采取防御与“和亲”政策；三是在经济上提倡勤俭节约，轻徭薄赋，减轻农民负担，从而形成休养生息的社会环境。

曹参继任后，沿袭萧何在位时的政策，史称“萧规曹随”。

汉初，曹参被派往齐国为相。初至齐时，他向胶西盖公征求“安集百姓”的计策。盖公认为：“治道贵清净，而民自定。”曹参纳其言。在担任齐相国的 9 年中，他按照黄老“无为而治”的办法制定各项政策，不准官员去打扰百姓，严惩做坏事祸害百姓的官员，起用一批老成持重又爱护民力的官员，使齐国经济很快恢复并发展起来。原本动荡不安的社会局势日趋稳定，百姓逐渐过上了安稳太平的日子，齐人都称颂曹参是贤明的丞相。

惠帝二年（前 193 年），萧何死。曹参为丞相，仍以治齐之术治理整个国家，施政办事，一遵萧何约束，无所变更。他委任属官，选取郡国官吏中那些不善辞令的忠厚长者，对那些能言善辩、华而不实、欲务名声者概不录用。曹参自己日夜饮酒，不理政事。大臣和宾客们见此情景，都想劝他，但一到曹参家里，曹参就请他们喝酒。来者刚想开口，曹参就用酒堵住他的嘴，一直喝到酩酊大醉。

惠帝见曹参整日无所事事，很不高兴。曹参的儿子曹窋在宫里侍候惠帝。惠帝就嘱咐他回家问曹参：高祖归了天，皇上那么年轻，国家大事全靠相国来主持。可您天天喝酒，不管事，这样怎么能够治理好天下呢？曹窋把惠帝的话一五一十地跟父亲说了一遍。曹参听后骂道：你懂什么，国家大事哪轮到你来操心！曹参叫仆人拿来板子，把儿子打了一顿。曹窋莫名其妙受了责打，非常委屈，回宫后向惠帝诉说。惠帝很生气。

第二天，曹参上朝的时候，惠帝对他说：曹窋跟你说的话，是我让他说的，你打他干什么？曹参向惠帝请罪，接着说：请问陛下，您跟高祖比，哪一个更英明？惠帝说：那还用说，我怎么能比得上高皇帝。曹参又问：我跟萧相国比较，哪一个能干？惠帝微笑说：好像不如萧相国。曹参便说起了他的见解：陛下说得都对。陛下不如高皇帝，我又不如萧相国。高皇帝和萧相国平定了天下，又给我们制定了一套规章。我们只要按照他们的规定去做，不要失职就是了。如果我们频繁更改，就会造成人心混乱，扰乱百姓，这是治理国家所忌讳的。惠帝这才明白过来，此所谓“无为而治”。

曹参用他的黄老学说，做了3年相国。这3年中，他没有出台一项新的政策措施，却博得一片盛赞，与萧何并称“萧曹两相国”。正如当时民谣所唱的：“萧何为法，讲若划一；曹参代之，守而勿失。载其清靖，民以守一。”萧何处事恭谨慎重，而曹参却显得荒疏怠惰。为什么曹参也能博得好丞相的美名呢？就因为那时候正处在长期战争的动乱之后，百姓需要安定，曹参没有给百姓增加更多的负担。曹参作为汉初推行“无为而治”的代表人物，在恢复经济发展，“安集百姓”方面所做的贡献，丝毫不亚于他的军功。

“无为而治”堪称汉初的一场及时雨。在“无为而治”的指导下，大汉社会秩序稳定，生产迅速恢复、发展。既为“文景之治”奠定了基础，又为后世提供了治国安邦的新典范。

惠帝、吕后统治时期，继续致力于恢复农业生产，稳定封建统治秩序，并收到了显著的成效，整个社会“衣食滋殖”。西汉文帝、景帝相继即位后，又在此基础上进一步实施轻徭薄赋，与民休息的措施。在40年左右的时间里，政治稳定，刑罚较为宽简，百姓的赋税徭役负担比以前有所减轻，经济上始终保持着高速发展的势头，社会生产和生活获得了一定的发展，出现了封建社会第一次“盛世”景象，史称“文景之治”。

汉文帝刘恒，是汉高祖刘邦第四子，母为薄姬。刘邦平定陈豨叛乱后，被封为代（今山西平遥县西北）王。吕后死，诸吕作乱，丞相陈平、太尉周勃与朱虚侯刘章等宗室大臣共诛诸吕。平定诸吕之乱后，群臣经过商议，迎立高祖薄夫人所生代王刘恒为帝，是为汉文帝。从高祖刘邦的皇子皇孙中挑选代王刘恒当皇帝是因为他的母亲薄氏仁善，她的娘家谨直。汉王朝受尽吕氏一族的苦头，对外戚已经不再信任。

文帝仁孝宽厚。即位之初，就连续下了两道诏书——《振贷诏》与《养老诏》，表明他爱护百姓、体恤民情、关心老人和鳏寡孤独等社会弱势群体的政治态度。出于对农业与农民的担忧与关爱，汉文帝二年（前178年）春，他又下诏明确表示要“以农立国”。同年九月再下诏书，强调农业是天下苍生之根本，民倚之为生。

在推动恢复与发展农业方面，文帝本人率先垂范，不遗余力。文帝十三年（前167年）春，为了劝课农桑，文帝亲率百官耕田，并命皇后率后宫众人采桑，并以为天下表率。为了提倡节俭之风，他还以身作则，裁减了自己的侍卫人马。此后，朝廷又多次重申劝农之旨，倡导重农风气，对官吏中劝农不力者加以惩戒，并诏令各地基层官吏设置“常员”，督促百姓务农力田。在各地按户口比例设置三老、孝悌、力田等吏员，通过适当的赏赐，以鼓励农民发展生产。

农民负担，无外乎赋税徭役。汉时朝廷规定的赋钱和徭役主要有田赋、算赋、更赋、户赋、献赋等。为了鼓励农民的种田积极性，朝廷大规模地减免农民的租税负担。文帝十二年（前 166 年），“除田租税之半”，即把农民交 1/15 的税率，降为 1/30。在十三年（前 167 年），朝廷再发诏书：免收天下租税。文帝在位期间，朝廷有 13 年没有向农民收取租税。这样的政策在农业社会里是极为罕见的，它极大地调动了农民的种粮积极性。此外，朝廷还把每年的算赋，由过去每人每年 120 钱减至 40 钱，徭役则由每年服役 1 个月减至每 3 年服役 1 个月。为了鼓励生产，朝廷还开山河之禁，把原归国家所有的土地和山林资源向百姓开放，任农民垦耕。

文帝用法慎重。即位之初，他就对群臣说：法之所以为法，就在于用之正。只有法正才能使民诚，定罪恰当才能使民信服。为官治民，如果不能导人从善，又做不到恰如其分地定罪，那就会出现民众的不满甚至公开的反抗。

汉文帝二年（前 178 年）五月，文帝下诏，废除秦定的诽谤妖言之罪和不许臣民议政、偶语者弃市的做法。文帝认为，法律上有诽谤妖言罪，就达不到使天下人“知无不言，言无不尽”的目的，而且也不利于皇帝反省自身，纠正失误。还会阻碍“亲贤良，远小人”。百姓偶尔说错了话，官吏就认为是“诽谤”，这是极不可取的。汉文帝三年（前 177 年），济北王刘兴居叛乱时，朝廷下诏明确规定：首恶者定重罪，主动归顺者鼓励，可官复原职；随从谋反而不坚定者不问罪。这是一条区别对待的法令。平乱后，朝廷依前约，赦免了众多追随济北王的官吏与兵士，做到了政策的及时兑现。

文帝对周边的少数民族也以怀柔为主，不轻启战衅，以免生灵涂炭。吕后时，南越王赵佗因不满诸吕乱政，一度脱离中央自立为帝，与汉王朝分庭抗礼。文帝即位后，把赵佗在真定的祖坟修葺一新，对赵氏家族施以厚恩，并派陆贾二度出使南越，晓以利害，最终说服赵佗去帝号，归附了中央。对于北边的匈奴，则继续采取和亲定边之策，厚贿匈奴。另一方面，又采取积极防御政策，“募民徙塞下”（晁错建议），把一些奴婢、罪人和平民迁徙到边塞屯戍，编以什伍，亦农亦兵。开后世屯田之先河。它既起到了巩固国防的目的，又促进了边境的开发。虽然匈奴屡次背约犯边，但文帝基本上以守为主，只是文帝三年（前 177 年）五月，匈奴右贤王又至上郡杀掠吏民，抢掠牲畜，文帝实在忍无可忍了，才派丞相灌婴率 8 万轻骑逐匈奴于塞外，这是文帝时期唯一的一次对抗匈奴的战争，并取得了全胜。以汉当时的国力，要和匈奴一战，胜负也未可知，但文帝怕烦扰百姓，只诏令边郡严饬武备而已，他甚至亲自出巡边境军营，检阅军队，却不轻言兴兵。

在中国历史上，文帝是一个励精图治、具有远略，而且自奉甚俭、谦逊克己的有为君主。他在位 23 年，史称其“宫室苑囿车骑服御无所增益”。他提倡俭约，禁绝奢侈，禁止郡国贡献奇珍异物。每当想要修筑宫殿陈设时，因顾及百姓，常又兀自取消。他曾想修建一个露台，召工匠计算成本，需要 100 斤金。文帝感慨道：100 斤金相当于 10 户中等之家的全部财产，我住在先帝的宫室，还常常觉得太过奢华而心有不安，何况再修建露台呢？于是就打消了这个念头。文帝不仅自己常穿素衣，还令皇后穿衣不许拖地，帏帐上不得绣花等。即位伊始，文帝就拒收献物，以杀宫廷送礼之风。曾有人献给他一匹宝马，他拒绝了。他认为：宝马在前，而车辇在后，平日皇车行 50 里，而从众者只行 30 里，若我乘上千里马，一马当先，离众卿岂不是更远？

汉文帝后元七年（前 157 年）六月，文帝死于未央宫。他一生节俭，难能可贵的是，他在临终前，针对当时盛行的厚葬风气，要求薄葬省繁，对他自己的陵墓建造也只是用瓦器，而不以金银铜锡等装饰。文帝临终公布遗诏说“死者天地之理”，不必过于悲哀，不许厚葬，不准动用车马和陈列兵器，治丧期尽量缩短，其间也不得禁止百姓结婚、祭祀、饮酒与食肉等，一切娱乐活动照常进行，不能因为皇家的葬礼而打乱正常的社会生活。

汉文帝去世，终年46岁，太子刘启继位，是为汉景帝。景帝继承了文帝的皇位，也继承了父亲的爱民政策，继续休养生息、无为而治、轻徭薄赋的政策，刑法甚至比文帝时还轻。

编户制度是征收赋税的依据。汉政府实行严格的户籍管理制度，把民户的人口、年龄、性别和土地财产等情况都详细登记在册，作为征收租赋、征发徭役和兵役的根据。朝廷规定，编户不许无故迁移。如果丢掉户籍流亡，抓住要罚做官家的奴隶。这就牢牢地把农民与土地联系在一起。但这样一来，也造成天灾年间民众断粮而无法逃难，严重的甚至会饿死人。景帝有感于此，于元年（前156年）春正月下诏，及时调整了人口和土地政策，适时改变了不准百姓迁移的规定，允许百姓从土地少的地区迁移到土地有余、水利条件较好的地方。同时，将田租确定为文帝时实行过的三十税一。从此，这种赋税制度成为汉之定制，农民负担比起前代有明显的减轻。

景帝也曾多次申明以农业为立国之本，强调重本抑末。他在诏书中语重心长地说，农业是天下的根本，金珠玉，饥不可食，寒不可衣，皆不如谷物和丝麻。汉景帝后元二年（前142年）四月，朝廷下令各路官员不准收受郡国贡献的锦绣等奢侈物品，以省徭赋，而鼓励多务农桑，以使谷物丰裕，从而达到即使灾害之年也有备无患。

景帝时期，在文帝时期减轻肉刑的基础上，朝廷又减少了鞭打犯人的次数，同时对行刑用的竹板做了详细规定，竹板的长短、宽窄都有严格限制，竹节要削平，中途不准换人，对老、孕、盲、哑等人不用刑具等。景帝还经常训导官员审案断罪要宽松，不要随意判罪。

朝廷的宽松、和谐政策也表现在思想文化上。处士王生善谈黄老，常被景帝召入宫中问对，三公九卿也多折节相交。景帝还为儒家设立博士官，重视儒家的教化作用。对《诗》《书》《春秋》立有博士。董仲舒、胡毋生都是治《公羊》学的大师，在景帝时立为博士并受到重视。即使在地处西南、蛮汉杂居、文化落后的蜀郡，郡守文翁也迭送中小官吏十余人到长安拜博士求学，在成都办起了“成都学馆”，使之成为全国第一所地方官办学校。景帝对思想文化的重视，移风易俗，影响深远。

景帝为人宽厚仁慈，不记旧仇。据说在景帝做太子时，张释之曾经阻拦他的车入殿门，理由是他在进宫门时不曾下车，有违法令。这原本是件微不足道的小事，但太后知道了此事，责怪下来，致使文帝也不得不脱帽认错，承认自己教子不严。这就使当时的太子很失面子，但他并未怀恨在心，反而更加欣赏张释之的正直品格。在他即位后，依然让张释之做廷尉。

在对待匈奴方面，景帝对文帝的政策几乎是照单全收，继续与匈奴和亲，以安抚为主。史书记载：“孝景帝复与匈奴和亲，通关市，给遗匈奴，遣公主约如故。”对于匈奴的南下骚扰，也是以积极防御的态势对待，不轻易兴兵。同时，在匈奴的边界地区设立关市，和匈奴贸易，一定程度上消解了匈奴的骚扰。

《汉书·食货志》中有一段关于当时经济形势的记述，形象地反映了文景之治的繁荣及其带来的积极影响：至武帝之初七十年间，国家无事，非遇水旱，则民人给家足。都鄙廪庾尽满，而府库余财；京师之钱累百巨万，贯朽而不可校；太仓之粟陈陈相因，充溢露积于外，腐败不可食。众庶街巷有马，阡陌之间成群，乘牸牝者摈而不得聚会。守闾阎者食粱肉，为吏者长。

“文景之治”给西汉王朝带来了富足、稳定和发展，也由此开启了西汉最为辉煌的汉武帝时代。

第二章

雄才伟略

——西汉走向极盛时期

汉初采取轻徭薄赋、奖励生产、与民休息的政策，经济迅速发展，国力充实。文帝削弱藩国割据势力，景帝平定七国之乱。朝廷妥善处理民族关系，维护边疆稳定，促进了国家的统一。所有这些政策措施，为武帝开创大汉盛世局面奠定了强有力的政治经济基础。汉武帝时期（前140～前87年），是汉代历史的转折期：汉初以来与民休息的国策，渐为扩张、进取的政策取代。凭借“文景之治”积累的充实财富，武帝对内加强中央集权，对外积极开疆拓土，改革政治、文化与经济政策，将西汉帝国的繁盛推向顶点。

第一节 思想一统 外儒内法

一、罢黜百家 独尊儒术

高祖统一天下后，朝廷废止了秦代对私学的禁令。惠帝四年（前 191 年），朝廷又明确宣布取消“挟书律”。“挟书律”是秦始皇焚书时实行的一项法令，即除允许官府有关部门可以藏书外，一律禁止民间私自藏书。汉初，政治法律制度大体承袭秦朝，“挟书律”也不例外。惠帝时期，朝廷废除了这一法令，使得长期受到压制的儒家思想和各种思想流派开始活跃起来，这也为武帝最终确定儒家思想为国家的意识形态提供了前提条件。

武帝即位后，做的第一件大事就是尊崇儒术。朝廷采纳丞相卫绾建议，召集全国的文士，皇帝亲自出题考试，亲自阅卷，选取任命了一大批精通儒术的官员，而非儒学的诸子百家一概被罢斥。武帝虽欲重儒学，但好黄老之学的窦太后（武帝祖母），在政治上仍有影响力。她对隆推儒术的朝廷大臣，如御史大夫赵绾等人，找借口或将之下狱或贬抑其人。

汉武帝建元五年(前136年)，武帝置《诗》《书》《礼》《易》《春秋》五经博士，使儒学在官学中的设置更为齐备。兴立太学之议源自董仲舒，公孙弘制订具体施行方案。元朔五年（前124年），武帝于长安城外兴建太学，为五经博士配置弟子，建立博士弟子员制度。博士弟子共50名。《汉书·儒林传》记载，“太常择民年十八以上，仪状端正者，补博士弟子。”博士弟子（东汉称太学生）入学后免除本人徭赋。此外，跟博士“受业如弟子”者若干人，由郡国县官推荐入太学学习。这些人学成考试后，按等第录用。这是汉朝廷全面推行官方教育的开始。武帝还令天下郡国皆立学校，初步建立地方教育系统。太学及地方郡国学的兴起，极大地推动民间向学之风气。不仅有利于儒学在社会上的传播，而且也给一般百姓子弟进入仕途拓宽了渠道，还使官僚政治人才基础发生转变，“自此以来，则公卿大夫士吏斌斌多文学之士矣”。太学及郡国学的学习内容是儒家五经。与之相伴随，孔子地位渐尊，不仅为各级学校所祭祀，且渐启历代尊孔之先河。平帝时，追封孔子为“褒成宣尼公”，孔庙祭祀制度亦雏形渐定。

汉武帝建元六年（前135年），窦太后去世，武帝任命他的舅舅田蚡为丞相，大批征召儒生，并采纳董仲舒的建议，确立了“罢黜百家，独尊儒术”的政策，使儒学居于独尊地位，成为此后整个汉代以至两千年中国传统社会的正统思想。不但官吏选拔以儒学为标准，使儒学成为进身之途，士子争相奔赴，而且儒学也成为社会意识形态，其影响深入社会各个角落。

在确立儒学为社会主流意识形态的过程中，其中两位儒学大师的贡献最大，他们是公孙弘和董仲舒。

公孙弘是武帝时的丞相，淄川薛人，出身贫寒。早年为狱吏，因罪免职，以放牧为生。到了40多岁才开始发愤求学，学习《春秋》杂说。

武帝征召贤良文学，公孙弘被淄川国推举，出任博士，奉命出使匈奴，那年他已60岁。他回朝向武帝报告出使情况，因奏事不合旨意，武帝以为无能，遂告病回家。

汉武帝元光五年（前130年），公孙弘再度应征贤良文学。在对策中，他一方面强调应以儒家标榜的仁、义、礼、智为“治之本，道之用”；另一方面，又把法家标榜的法、术、功利糅合到儒家标榜的仁、义、礼、智之中，把法术同礼义融为一体，强调礼义与刑赏的交替为用。他把儒家的“智”解释为法家的“术”，又把这二者熔于一炉。这种糅合儒法，以仁义为表、法术为里的治术，也就是杂王霸之道。这篇对策，完全符合武帝的意思。当时参加对策的儒士共有100余人，主持征辟的太常在评议对策等第时，把公孙弘排在最后。武帝读到他的对策，把他的等第颠倒过来，“擢弘对为第一”，拜他为博士，待诏金马门。

入朝做官后，公孙弘每逢朝会，善于体察武帝心意，提出各种意见以供选择。如所提意见不合旨意，也不坚持，因此博得武帝的欢心。元朔三年（前126年）迁御史大夫，五年（前124年）为丞相。

汉初常以功臣列侯或其后嗣充任丞相，公孙弘出身贫贱，以对策称旨，被武帝拔为举首，是第一个以布衣擢居相位的人。为此，武帝特地下诏封他为平津侯，丞相封侯遂成定例。他出贱入贵，平步青云，10年之间，位至卿相。

公孙弘出身贫士，竟得封侯拜相，人们认为是他熟读《春秋公羊》的缘故，《公羊》学因此成为最流行的学术。凡是士人和官吏必须学习儒经，才能得到任用或升迁，儒学独尊的地位也就更加巩固了。

春秋经文，言简义深，如无注释，则无法了解。注释春秋的书，有《左传》《公羊传》《谷梁传》，称为“春秋三传”。特别提倡《春秋公羊》学，这是因为《春秋》是孔子“正名分”“诛乱臣贼子”的著作，是执政者思想政策具体应用在政治上的典型，是孔子政治思想的完整表现。还有一点是《春秋》文字极其简单隐晦，便于学者最大限度地穿凿引申。武帝选中《春秋公羊》，在政治上与朝廷的主张完全切合。为适应这个需要，制成整套《公羊》学说的大师，就是“为群儒首”的董仲舒。

董仲舒对儒家学说的发展主要表现在他把邹衍的阴阳五行学说与儒家学说结合起来，以适应当时社会思潮与政治发展的需要。他在《对策》中很明显地表现了这一点。

董仲舒的《对策》针对武帝提出的“三代受天命符应”等问题做了明确的回答。他认为，天是万物之祖，覆盖、包含着万物，建日月风雨以调和万物，经阴阳寒暑以成长万物。这种天是自然之天，客观存在的物质之天。但天在决定人间的事情时却是有意志、有感情的神。天可以把拥有与治理天下的“天命”授予王者，受命的符应就是祥瑞，为爱护人君又可用灾害、怪异对他进行谴告，使其惊惧而改正失误。这种“王权天授”的理论，实际论证了汉室江山存在的合理性与神圣性。

董仲舒将儒家所主张的治国方略、办法都说成是天命、天意，重建了天的权威，给儒学、也给皇权披上了神光圣彩。他认为，“天之任德不任刑”，“王者承天意以从事”。这里说的“德”包含两个方面：一是德治，就是用儒家仁义等思想为指导所制定的政治制度、措施；二是道德教化。他指出，如果用刑罚治理国家使天下衰败了，就要改制、更化、改正朔、易服色，这样做是顺天命。他认为只要按儒家这些治国的办法治理，就会使王道复兴、天下大治。这自然又是武帝需要并乐意接受的。因此说，在武帝尊儒的活动中，董仲舒起到了最重要的作用。此后，在学术和仕途上，儒家被定为“一尊”，儒学思想成为中国社会的正统思想。

自从武帝采纳董仲舒“罢黜百家，独尊儒术”之意见，文化结束了“师异道，人异论，百家之言宗旨各不相同”的局面，实现了思想的大一统。中国人的精神世界是以儒学为主旨构筑的，而“大一统”思想就是其核心之一。先秦以来逐步形成和发展的“大一统”思想是中华民族崇尚国家统一、民族团结、社会安定的先进社会思想，它在很大程度上支配着中国人对中国历史和国家前途的思维模式，也是历代统治者治理国家、解决天下问题的崇高政治理想。汉武帝明确提出以儒治天下，儒家学说从此逐步发展成为中国两千年传统社会主导性的统治思想，民间意识被统一到儒学上来，儒学是社会伦理的不二标准，成为人们日常生活的自觉意识和行为准则。“大一统”思想，便浸润而为中华民族文化血脉中最澎湃的涛声了。它不仅深刻影响了几千年来中国人对国家命运的思考，也推动着中国历史波浪式发展。“天下兴亡，匹夫有责”，遂成为历代中国人最珍视的人生格言和国难当头时的怒吼。

二、强化皇权　维护统治

经过汉初几代君臣的苦心经营，社会经济到武帝时呈现出繁荣兴旺的局面。但在政治上，隐患依然。

当时朝廷面临的第一个政治隐患就是郡国豪富势力日益强大，直接影响到了朝廷政令的推行。郡国豪富有的是六国旧贵族之后，有的是汉初功臣或二千石大吏之家，有的是富人，或其他“豪杰并兼之家”。这些人凭借世代名门显贵的地位或高额资产，长期居于郡国。由于地方富豪大贾大都交通王侯，权力超过官吏。他们倚仗权势，侵害百姓利益，兼并土地，干扰了朝廷对地方的管辖，造成朝廷法令在郡国范围内难以施行。自汉高祖刘邦开始就执行了一项基本国策——强干弱枝（或称为强本弱末）：将关东原六国君主和贵族的后裔、豪强大族和“乱众之民”（有反抗倾向的人或潜在的反对势力）十多万人迁到关中。刘邦死后，他的陵墓——长陵所在地设立了长陵县，关东移民成为该县的基本居民。从此形成了一项制度：新皇帝的陵墓附近设立一个以该陵命名的县，称为陵县；居民主要从关东迁入，称为徙陵县或迁陵县。迁移的对象也扩大到汉初功臣的后裔、一定级别的官员（如二千石以上）、资产达到一定标准的富户（如五百万以上）等。长陵人口稀少，北近胡寇，东有六国强族，迁十余万口于此，无事可以防胡，东方六国如发生叛乱可率领他们东伐。这就是“强本弱末”的治国之术。这些人迁走后，出现了一个意想不到的经济后果，那就是“邑里无营利之家，野泽无兼并之民”。因此，汉高祖以后，迁徙高资富人及豪杰名家成了朝廷的一种传统做法。

武帝时更加坚决地实行这一措施，对地方豪强势力进行了有力遏制。建元三年（前 138 年），徙郡国豪富至茂陵，赐迁徙者每户 20 万钱，田二顷。元朔二年（前 127 年），主父偃建议：“天下豪杰兼并之家，乱众之民，皆可徙茂陵，内实京师，外销奸猾，此所谓不诛而害除。”朝廷采纳了他的建议，当年迁徙郡国富豪至茂陵、云陵。当时山东临淄有的强宗大族，还被迫离开故地迁居到几千里以外的会稽。

这些强族、高资富人经过迁徙，有些人转化为行政官员和军事将领，成为朝廷和地方政府机构运转的社会基础。同时也使郡国豪富处于朝廷的监视控制下，有效地遏制了地方势力的膨胀，加强了朝廷的控制力量。另外，迁徙豪族大户，使关中地区增加了大量劳动力和人口，增强了关中地区经济活力。事实证明，这一政策对于加强中央集权、强干弱枝，作用是很明显的。朝廷“强本弱末”的政治需要得到了满足，而“使中家以下，得均贫富”的经济目的也达到了。

王国势力强大是朝廷面临的另一个严峻的问题。“七国之乱”后，诸侯王势力大大削弱了。但他们拥地仍广，依然构成了对朝廷的威胁。武帝时，为了巩固大一统的国家，加强中央集权和强化对地方的统治，继续实行文、景时代的削藩政策。

汉景帝在位时，景帝之弟梁孝王，是窦太后的少子，一向极受宠爱，封地有四十余县，是中原最富庶的地区，加上太后、皇帝不断大量赏赐，梁国的珠玉宝器比皇宫还多。梁王建造了规模空前的宫殿和东苑，广招四方豪杰，名流枚乘、严忌、司马相如等都曾是梁王的座上客。景帝初，尚未立太子，曾表示死后将传位于他，梁王好不得意。吴楚之乱中梁王为拱卫皇室立了大功，因而更加骄纵，在国内都用天子仪仗，到长安与景帝同车出入。景帝废了太子后，窦太后要景帝立梁王为继承人，被袁盎等人劝阻。梁王得知后，竟派出十几批刺客，将袁盎和其他十几位官员暗杀。景帝查明真相后，虽因窦太后的庇护，无法处置，但从此疏远了梁王。梁孝王死后，景帝立其五子为王，梁国一分为五。加上景帝先后封自己十三子为王，王国数量达到 25 个，创西汉一代的最高纪录。但此时的王国已非昔日可比，除了江都国外，都只有一郡之地，所以王国的总面积反而缩小了。

梁孝王的情况说明，只要诸侯王存在，一旦势力膨胀或凭借某些特殊因素，就可能形成对朝廷的威胁。旧的矛盾解决了，又会产生新的矛盾。为了进一步削弱王国势力，主父偃曾向武帝建议："令诸侯得推恩分子弟，以地侯之。"他认为这样做的好处是，诸侯国更多的人得到了尊崇的爵位，必然"喜得所愿"。而朝廷却分化了王国的实力，使王国"不削而稍弱矣"。武帝采纳了他的建议，于元朔二年（前 127 年）实行"推恩令"。所谓"推恩"，就是诸侯王可以将皇帝的恩泽"推"（扩散）到自己的子孙，提名封他们为列侯，但所需封邑（侯国）得从自己王国的疆土划出。

由于置为侯国后，这块地方就不再属王国所有，而要划归相邻的汉郡管辖，所以侯国置得越多，王国留下的面积就越小。诸侯王一般都是妻妾成群，子孙满堂，原来只有太子、太孙才能即位，现在其他子孙都能封侯，子孙越多，恩推得越广，王国缩小得越快。到西汉末年，不少王国只剩下三四个县，分封出去的侯国一般也不过数百户，甚至不满百户。按照汉制，侯国隶属于郡，地位相当于县。因此，将王国分化为侯国，就意味着王国的缩小和朝廷直辖地域的扩大。推恩令下达后，在各藩国贯彻实行，使藩国出现了“子弟毕侯”的新局面，朝廷实现了“不行黜陟而藩国自析”的既定目标。藩国土地越分越小，势力越来越弱，已经无力与朝廷抗衡。推恩令的实行犹如釜底抽薪，使王国再也不能对中央政权构成威胁。

从发展趋势看，七国之乱后中央集权日益巩固，诸侯国地位下降已成定局，但推恩令的实施无疑使这一过程大大加速，并且不再出现反复，朝廷几乎没有付出任何代价，也没有产生什么后遗症。可见一项创造性的政策，往往能收到事半功倍的作用。

武帝期间，还将从西汉初就存在的侯国大幅度削减，增强了朝廷的经济实力。西汉初，刘邦封萧何、曹参等一百多位功臣为列侯，他们的封邑称为侯国，小的数百户，大的有万余户。侯也是以自己侯国中百姓上交的租税作为俸禄的，侯国的行政则由朝廷派侯相治理。侯的地位相当于县，也属郡管辖，在政治上没有什么影响，但在经济上减少了朝廷的收入。由于西汉前期经济恢复和发展，人口增长较快，到武帝初，多数侯国的户数有大幅度增加，大的侯国多达三四万户。武帝用各种借口废除侯国，如无后、犯罪或有过失等。他觉得这样做速度太慢，到元鼎五年（前112年），就利用“酎金律”对列侯大规模开刀。汉文帝时规定，诸侯王和列侯每年都要按本国人口数量献黄金助祭宗庙，具体标准为每千口4两，余数超过500的再加4两。如所献之金重量或成色不足，王要削县，侯要免国。武帝就以此为由，一下子免除了106名列侯。到武帝后期，汉初的功臣侯国基本除尽，以后新封或恢复的侯国，一般只有千余户，小的才有二三百户。武帝之所以这样做，一方面当然是因为中央集权的体制已经非常强大，另一方面，开国功臣早已死亡，继承的列侯大多不担任官职，因而不会有任何阻力。武帝这一做法将一大批靠祖宗余荫不劳而获的列侯撤销，无疑增加了朝廷的财源。

汉前期，势力强大的诸侯王一般都要大量招募宾客游士，这些人里面有文学之士，有儒生、方士、纵横论辩之士，还有轻生敢死的所谓“豪杰之士”。他们在诸侯王策划对抗朝廷时充当了助手和党羽的角色，所以武帝要对他们力加遏制。元狩元年（前122年），淮南王刘安和衡山王刘赐被告谋反，武帝下令尽捕其宾客党羽，牵连达数万人。随后，武帝颁布“左官律”，规定王国官为“左官”，以示歧视；又颁布“附益法”，限制士人与诸王交游。此后，“诸侯惟得衣租食税，不与政事”，其中支脉疏远的人，更与一般富室无异。

朝廷为了加强中央集权，就要遏制这些地方游侠势力。汉初，游侠在地方上势力很大。他们中有的以义气行侠相标榜，赈人于穷急，脱人于困厄，被称为豪侠；有的则“朋党宗强比周，设财役贫，豪暴侵凌孤弱，恣欲自快”；还有的被司马迁称为“盗跖居民间者”。这些豪强为霸一方，是扰乱社会治安的不安定因素。他们集结党羽，勾结地方官吏，严重危害了朝廷的权威和地方的稳固。

为了惩治地方豪侠，朝廷任用了一批酷吏重点对付他们。景帝时，济南守郅都曾族灭当地作恶的豪强。宁成任都尉时，也效法郅都，对豪侠频出重手。武帝时，任用张汤、杜周、周阳由等酷吏，实行苛刻的刑律和强硬的手段打击地方豪侠，使他们闻风丧胆，终日惶惶。

当时势力最大的豪侠是郭解，他的父亲也是著名的大侠，后为文帝所杀。郭解长得矮小精悍，为人阴毒。少年时“作奸剽攻”“铸钱掘冢”，为非作歹，稍不快意，就随便杀人。长大成人后，颇为讲究“江湖义气”。史书说他“以德报怨，厚施而薄望”；又说他“振人之命，不矜其功”。他常用丰厚的物质来接待或接济江湖武士，并且从不希图报答。他的慷慨之举使很多人愿意追随他，势力也就大起来。史书上说，“解出入，人皆避之”，可见其飞扬跋扈。但郭解的“以德报怨”又为他赢得了不少名望。据说，他的外甥倚仗着他的势力硬逼人喝酒，激怒了对方，那人杀死郭解外甥后逃跑。郭解的姐姐为激怒郭解为儿子报仇，故意将儿子的尸体弃之路边。但郭解在了解了真相后，竟找到凶手说：“公杀之当，吾儿不直。”这件事传出去后，江湖上更多的侠义之士前来投奔他。郭解还常常做一些排难解纷的事。洛阳有些武侠相互结仇，城中的豪侠调解了数十次，均无成果，有人请郭解出面帮忙。郭解深夜进城，武侠慑于郭解的威望和势力，表示听从调解。郭解对他们说：我听说洛阳城内诸公一直在进行调解，你们都不肯听从。现在有幸能听我的劝说，但我怎么能从外县来夺走洛阳城内贤达们调解的权力呢？于是他连夜离开洛阳，不让别人知道自己来过，并让他们暂且先不言和，等他离开之后，洛阳的豪杰调解时再表示愿意听从调解。

《史记》的作者司马迁曾见过郭解，说他“状貌不及中人，言语不足采”。但就是这样一个人，居然使“天下无贤与不肖，知与不知，皆慕其声，言侠者引以为名”。

正是由于郭解以“振人之命，不矜其功”闻名于世，所以任侠者都争相结交他，连大将军卫青都与他倾心相交，甚至甘冒风险替他办事说情。武帝为了抑制豪侠势力，迁徙大批豪侠到茂陵，郭解也在其中。卫青出面在武帝面前说郭解家贫，不符合迁徙的条例规定。武帝说：郭解作为一个平民百姓，权势竟能让大将军为他说情，说明他家决不贫困。于是，郭解还是被迁徙了。当郭解上路时，“诸公送者出千余万”；入关中，关中豪杰贤士，不管认识与否，都争相与他结交。

轵县人杨季主的儿子在县里做官，是他提名迁徙郭解的。郭解的侄子怀恨在心，便杀死了他。郭解迁入关中后，关中的豪强为了与郭解结交又杀死了杨季主。杨家人上书申告，又被杀死在宫前阙下。这无疑是对朝廷及武帝个人权威的一次挑战。汉武帝不愧是雄才大略的皇帝，他意识到郭解其人其行在政治上的危险性。在逼郭解迁徙后不久，朝廷又借故下诏逮捕他。郭解闻讯辗转逃亡，官吏追查至临晋侠客籍少公处。籍少公虽与郭解仅一面之交，却毅然自杀以断绝追查的线索。但法网恢恢，疏而不漏，郭解最终被捕，武帝以“大逆无道”的罪名灭其族。

第二节　开疆拓土　用兵四夷

一、反击匈奴　巩固边疆

秦始皇死后，原来驻守在北部边境的大将蒙恬被迫自杀，边防松懈。不久反秦起义爆发，秦军忙于镇压，更无暇顾及北方边疆，匈奴趁机南侵。在没有军队守卫的情况下，秦始皇耗费了大量人力、物力筑起的万里长城根本无法阻挡匈奴骑兵。在这种有利形势下，匈奴出现了一位强有力的领袖——冒顿单于。他即位后，率领匈奴各部东征西讨：攻灭了东胡，将其残余的乌桓和鲜卑赶到了大兴安岭；击败了月氏，迫使月氏人从河西走廊的西部迁往中亚；征服了北部的丁零、坚昆等部，扩展到贝加尔湖一带。匈奴不仅全部收复了被蒙恬夺取的土地，而且继续南下，进入战国时秦、燕、赵旧地。匈奴号称拥有“控弦之士（能挽弓作战的士兵）三十万”，盛极一时。

等刘邦消灭项羽，匈奴的威胁已经相当严重。高祖六年（前

201 年)，匈奴围攻马邑(今山西朔州市)，驻守那里的韩王信投降后，倚仗匈奴的势力南下太原(今山西中部)，攻至晋阳(今山西太原市西南)城下。七年(前 200 年)冬，刘邦率大军亲征，击败韩王信。刘邦为了解实际状况，不断派使者进入匈奴地区观察。冒顿将计就计，故意将精锐部队和肥壮的牛羊隐藏起来，沿途只留下一些老弱残兵和瘦弱的牲口，十几位使者回来后都说匈奴不堪一击。刘邦又派刘敬(即娄敬)去复查，他的报告与众不同：两国交战，一般都要壮大声势，但我只见到了老弱士兵和牲畜，肯定是故意造成假象，将精兵埋伏了起来。我认为匈奴打不得。但这时 30 万汉军已经越过句注山(今山西代县西北恒山山脉)，争先恐后地北上了。刘邦认为刘敬是动摇军心，将他拘押在广武(今山西代县西南)，自己率领骑兵到达平城(今山西大同东北)。但汉军大部分是步兵，远远落在后面，只有一部分赶到平城。这时冒顿出其不意，以大量骑兵将刘邦团团包围在平城东北的白登山，并且切断了刘邦与后续部队的联系。整整七天七夜，汉军无法突出重围，几乎弹尽粮绝。陈平便派了一名使者，带着金银财宝和一幅美人图画暗使匈奴，厚赐单于阏氏，并挑动阏氏的忌妒心。汉使说：刘邦被单于包围，情况非常紧急，刘邦已遣使迎美女，欲献给单于以求和。阏氏怕单于得汉美女，自己先宠，便急劝单于解围。加上还有别的临时性原因，单于解平阳之围。高祖南过曲逆，登城瞭望，见其甚大，曰："壮哉县！吾行天下，独见洛阳与是耳。"

高祖回到广武，立即赦免了刘敬，对他说：我不听你的意见，遭到平城之围。随后又赏赐刘敬食邑 2000 户，封关内侯，称为建信侯。

白登之围后，匈奴军队强大，更是屡次侵扰汉北部边境。高祖问刘敬对策。刘敬分析了双方形势，认为汉刚刚建国，经济残破，国力空虚，根基未稳，实在无力与匈奴大战，只有讲和才是上策。刘敬提出将皇帝的女儿下嫁单于并厚赠礼物。他说：冒顿在位，是汉的女婿；他死了，汉的外孙就是君主。哪曾听说外孙敢同外祖父分庭抗礼的呢？高祖听了刘敬的建议，点头称好，立即准备令长公主下嫁匈奴冒顿。吕后听说后对高祖哭诉：我只有太子和一个女儿，怎么忍心把她远嫁匈奴！最后，高祖找了个宫女以大公主的名义，嫁给冒顿为妻。同时，派遣刘敬前往匈奴订立议和联姻盟约。

这次和亲，开了汉匈和亲的先河。此后，和亲逐渐成为一种传统，成为中厚王朝对付匈奴的基本国策。和亲一方面有利于边疆的稳固，另一方面也在客观上促进了汉匈文化交流，影响深远。

刘敬从匈奴回来后，考虑到匈奴南白羊、楼烦，距长安近者仅 700 里。关中地肥人少，北靠匈奴，东有六国强宗，万一有变化，朝廷就很危险了。因此，刘敬向高祖建议："臣愿陛下徙齐诸田，楚昭、屈、景、燕、赵、韩、魏后，及豪杰名家居关中。无事，可以备胡，诸侯有变，亦足率以东伐。此强本弱末之术也。”刘邦称“善”，随即以刘敬所言徙关中十余万口。这种强本弱末的政策，对后世影响亦大。

吕后在位时，冒顿自恃兵力强盛，有意挑衅，给吕后送去一封信，大意是：我孤零零生活在荒野地方，很想到中国游玩。陛下是寡妇，想必也很寂寞。大家都不快乐，何不互通有无？吕后大怒。召集群臣商议，准备杀匈奴使者，出兵问罪。她的妹夫樊哙请战：给我 10 万军队，我可以横行匈奴之中。季布却认为，樊哙应该杀头。当年 32 万汉军出征，樊哙是上将军，高祖被围在平城，樊哙不能解围。到今天伤病者刚刚复原，百姓还在唱着悼念平城士兵的哀歌，樊哙却要让天下震动，胡说用 10 万军队去征讨，不是当面欺骗您吗？况且匈奴人本来就粗野，听了他们的好话不必高兴，对他们的坏话也犯不着生气。吕后明白汉朝的实力，就派张泽送去一封复信：我已年老气衰，头发牙齿都掉了，走路也不成样子，单于不知从哪里听了传闻，实际上完全不必降低身份来找我。敝国没有什么过错，应该能得到你的宽大。奉上御车二辆，骏马二匹，供你日用。冒顿也派使者致歉，表示自己不懂得中国礼仪，请求原谅，还回赠了马匹，双方恢复了和亲。

文帝时，冒顿单于击败月氏，控制了西域的大部分地区，兵力更加强盛。而汉朝经济尚未恢复，又受到内部分裂割据势力的牵制，军事上处于劣势，只能尽可能维持和亲。例如文帝三年（前

177 年)，匈奴右贤王入侵，文帝亲赴太原，派丞相灌婴率 8 万车骑迎击右贤王。但济北王刘兴居发动叛乱，企图袭击荥阳（今河南荥阳市西北)，文帝只得召回灌婴的军队，镇压内乱。第二年，冒顿单于致书文帝，表面重申和亲，实际却宣扬灭月氏的战绩，宣称“诸引弓之民并为一家”，提出皇帝如不想匈奴靠近边塞，就应该命令你的吏民迁得远远的。

尽管如此，匈奴还是不时入侵。文帝十四年（前 166 年)，匈奴老上单于（冒顿单于之子）率 14 万骑兵进入萧关（今甘肃固原南)，派出巡逻和侦察的骑兵到达雍（今陕西凤翔南）和甘泉（今陕西旬邑南)，逼近长安。汉军紧急动员，单于在塞内留驻月余才撤退，汉军只能眼睁睁地看着匈奴军队出塞，却无法消灭敌人。匈奴更加肆无忌惮，每年入侵边境杀人掠夺，受害最严重的云中（今内蒙古呼和浩特一带）和辽东（今辽河下游和辽东半岛）二郡每年都要损失万余人口。

汉朝一方面仍然只能争取与匈奴和亲，另一方面也加强了边境地区的防卫和报警。不久，匈奴分两路侵入云中和上郡（今陕西北部)，文帝派三支军队分别把守北地（今甘肃东部)、句注山和飞狐口（今河北蔚县南)，又调集军队驻守长安郊外。匈奴军一度直逼句注山，报警的烽火直达甘泉、长安。数月后，汉军推进到边境，匈奴军也退回塞外。

景帝初年，汉朝始终执行和亲政策。在与匈奴的边境贸易中实行了不少优惠政策，长城沿线成为汉、匈奴间交易的场所。自单于以下的匈奴贵族、首领都喜欢与汉朝交往，长城下人员来往络绎不绝。但匈奴小规模的杀掠依然不断，汉朝内部的阴谋分子也想利用匈奴的武力。景帝即位后，赵王与匈奴勾结。吴楚七国之乱时，赵王企图引匈奴兵入境，但因汉军很快平息叛乱，赵王被围自杀，匈奴才停止行动。

武帝即位初期，在黄老无为的政治约束下，朝廷继续与匈奴和亲，通关市，加惠施恩，一让再让。但是，具有积极进取精神的武帝已经无法忍受高祖时代与匈奴所签订的屈辱性和约。汉武帝建元六年（前 135 年），匈奴遣使求亲，欲娶汉女为妻。武帝招集群臣商议，让大家各抒己见。

执掌外国使臣礼仪的王恢坚持强硬政策，主张坚决打击匈奴。御史大夫韩安国则主张继续和亲。参加会议的群臣大多赞成韩安国的主张。于是武帝决定予以采纳。但是时代毕竟不一样了。汉帝国经过休养生息，如今是粮满仓，钱满库，巨大的能量如即将决堤的洪水，蓄势待发。

这次御前会议是在窦太后死去那一年召开的，还残留着“无为”的传统思想。两年后，汉武帝元光二年（前 133 年），王恢再次要求攻打匈奴。此前韩安国反对的理由之一是：“汉数千里争利，则人马罢，虏以全制其敝。”汉朝如攻打匈奴，必定是大远征。人马疲惫困乏，匈奴万般准备，以逸待劳，对汉军极其不利。

如此，那就让匈奴长途跋涉，我汉军待而击之——王恢又提出新的计策：雁门郡马邑县有一个名叫聂壹的豪族，让他诈降匈奴，向单于禀报：“吾能斩马邑令丞吏，以城降，财物可尽得。”

匈奴知道聂壹是马邑县有权有势的头面人物，只要他想做，这点事完全不在话下。聂壹的演技实在高超，匈奴竟然相信了他的话。

此时匈奴的单于是冒顿的孙子军臣单于。

军臣单于率领 10 万骑兵远征马邑。匈奴的探子预先侦察过马邑，聂壹把囚犯首级并排挂在城墙上，造成城内政变已经成功的假象。然而，30 万汉军埋伏在马邑附近的山谷里。

匈奴的军队越过长城，沿途一边抢掠一边前进，忽然觉得奇怪。牛、马、羊等牲畜都放牧在牧场上，却不见一个人影。军臣单于觉得蹊跷，攻下长城附近的一个烽火台，抓住尉史审问。

汉代在县令之下设有县丞和县尉，尉史是县尉的下属，虽然不是上层领导，但作为第一线的指挥员，还是知道计划部署的。

这个尉史招供出附近有伏兵。军臣单于立即全军撤退。

30万汉军空等一场，其时王恢另外率领3万军队袭击匈奴辎重部队。运输军粮、箭矢、刀剑等武器的辎重部队和匈奴本部大军有相当距离。但是，王恢决定停止攻击辎重部队，他判断一旦攻打马邑的匈奴精锐部队知道自己的辎重兵遭到攻击，必定全力以赴地前来救援，而自己的3万人马面对匈奴大军，寡不敌众，只有承受败战之辱。

王恢在武帝面前辩解称："臣固知还而斩，然得完陛下士三万人。"王恢按律当斩，他送给丞相田蚡千金，求免一死。田蚡心里明白，武帝不会宽恕王恢，于是转而向王太后求情。

当时24岁的武帝已经完全独立，他对王太后的求情明确回答道："今不诛恢，无以谢天下。"计划泄露也许不是王恢的责任，30万伏兵未能等来敌人，实在无可奈何。但是，当远离大部队的匈奴辎重部队来到王恢率领的3万大军跟前时，他竟然放弃歼敌的机会。武帝决不允许这种行为。

王恢听到武帝的话，绝望自尽。

马邑之战成为汉朝的大耻辱，而且导致汉朝和匈奴的关系更加恶化。

四年之后，车骑将军卫青为之报仇雪恨。

卫青，字仲卿，河东郡平阳县人，是位不可多得的军事人才。他的生父郑季当过平阳县吏，因为办事经常出入平阳侯曹寿家。曹寿的妻子平阳公主是武帝的姐姐。郑季在平阳侯家办事时，与平阳公主侍婢卫氏私通生下卫青，从其母姓。此前，卫氏生有子女数人，长子长君，长女君孺，次女少儿，三女子夫，子夫的弟弟步广。他们都是卫青的同母兄妹，也都姓卫。

卫青幼年时，曾回到生父郑季家牧羊。后因不堪异母兄弟的歧视凌辱，返回平阳侯家当家奴。长大后，善骑射，为平阳侯府骑卒，常骑马扈从平阳公主出游。

卫青的同母姐姐卫子夫是平阳公主家的歌女，建元二年（前139年）武帝出游还至平阳公主家时，在宴席上献歌的子夫被武帝看中，便带回宫中，很快怀有身孕。陈皇后听说卫子夫得到武帝宠幸怀了孕，很妒忌，使人逮捕了卫青。幸亏他的好友骑郎公孙敖率领数名壮士把他救了出来。武帝知道这件事后，召见卫青及其亲属，厚加赏赐，封卫青为建章殿侍中。不久，武帝立卫子夫为夫人，后又立为皇后，擢升卫青为太中大夫。卫青做了几年太中大夫，武帝察知他善骑射，有将才，便改其文秩为武秩，任为将军，委以抗击匈奴的重任。

反击匈奴之战，始于武帝元光六年（前 129 年），卫青、公孙敖、公孙贺、李广各率万骑之兵，分四路出击。其中公孙贺未与匈奴遭遇；公孙敖被匈奴击败；李广不仅损兵折将，自己还被匈奴俘虏，后逃脱归汉。公孙敖和李广本应处死刑，以金赎命，贬为庶人。

四将之中，唯有卫青兵出上谷，攻陷匈奴祭天的龙城，获得斩首、俘获 700 的战果。从数目上看，不算多，但攻进龙城，其意义非同小可，汉朝野上下人心振奋。这是汉建国七十多年来，汉军第一次越过长城，实现北进。

这实在是一次壮举。其他三员大将的失败更凸显出卫青的成功。武帝心满意足。第二年，仿佛是给卫子夫生下儿子表示祝贺一样，卫青率领 3 万骑兵出雁门，取得斩首敌兵数千的战果。

又在翌年的元朔二年（前 127 年），卫青引兵北上，出云中，沿黄河西进，突袭占据河套及以南地区的匈奴楼烦王、白羊王所部。卫青所率汉军纵横数千里，击败匈奴，全部收复了河南失地。河南土地肥饶，又有黄河天险，战略地位异常重要。夺取河南地，抽掉了匈奴进犯中原的跳板，既解除了匈奴对长安的威胁，又可以此为根据地北击匈奴，在军事上对朝廷极为有利。随之，朝廷采纳主父偃的建议，在河南设置朔方、五原两郡，并筑朔方城，移内地民众十多万在朔方屯田戍边，又修复秦时蒙恬所筑长城。卫青以三次战功成为长平侯，食邑 3800 户。

匈奴首领当然不甘心失去河南这一战略要地，数次出兵袭扰朔方，企图夺回失地。朝廷为了巩固和扩大胜利成果，决定反击，并在元朔五年（前 124 年）春发起了漠南之战。李息等人出兵右北平，牵制单于和左贤王，策应卫青主力军的行动。匈奴右贤王以为，茫茫沙漠，路途遥远，汉兵短时间内不能到达，一时疏忽大意，喝醉了酒。卫青等率兵出塞六七百里，长途奔袭，夜间突袭右贤王王廷，打得敌人措手不及。右贤王与数百骑突围，仓皇北逃。汉军俘右贤王裨王十余人，男女一万多人，牲畜数十百万，凯旋归师。

这一场大胜仗进一步巩固了朔方要地，彻底解除了匈奴对京师长安的直接威胁，并将匈奴左右两部切断，便于以后分而治之。次年二月和四月，卫青又两度率骑兵出定襄，前后歼灭匈奴军队一万多人，扩大了对匈奴作战的战果，迫使匈奴主力退却漠北一带，远离汉境。这就为朝廷下一步实施河西之役并取得最后的胜利创造了条件。

河西即现在甘肃的武威、张掖、酒泉等地，因位于黄河以西，自古称为“河西”，又称“河西走廊”，是内地至西域的交通要道，具有重要的战略地位。但这时它仍在匈奴的控制之下，对大汉的侧翼构成威胁。朝廷为了打通西域的道路和巩固西部，决定展开河西之役。为此，朝廷组织了强大的骑兵部队，委派青年将领霍去病出征河西。

霍去病，河东平阳人，是卫皇后姐姐的儿子，大将军卫青的外甥。他 17 岁即为武帝侍中，同年随卫青出征匈奴，任骠骑校尉。他年轻有为，善骑射，是深得武帝喜爱的一员年轻将领。

武帝的性格比较情绪化，他喜欢霍去病胜过卫青。卫青曾经在平阳公主的宅邸里当过佣人，骨子里浸染着一种奴性，对谁都谦恭礼让。谦恭过度，就显得谄媚，武帝不喜欢这种性格。霍去病生于贵族之家，武帝觉得他大方清朗，将最精锐的部队交给霍去病指挥，这对他的立功也起到了很大的作用。

平阳公主在其丈夫死后，成为孀妇。卫青成为她再婚的对象。卫青曾经是平阳公主的骑奴，骑着马跟随着她，供她使唤，如今成为她的丈夫。人的命运实在不可思议。这样，卫青就成为武帝的姐夫。

元狩二年（前 121 年），这一年简直可以说是霍去病之年。他在这一年里三次远征，而且年龄才 20 岁。三月，霍去病率精骑万人出陇西，越乌鞘岭，进击河西走廊的匈奴军队。他采取突然袭击的方式，长驱直入，在短短的 6 天时间内连破匈奴 5 王国。

接着翻越千余里的焉支山，与匈奴军鏖战于皋兰山下，连战皆捷，歼敌近9000人，斩杀匈奴名王数人，得到休屠王用来祭天的金人，俘虏浑邪王子及相国、都尉多人，凯旋而还。

同年夏天，朝廷为了彻底聚歼河西匈奴军，再次命霍去病统军出击。为了防止东北方向的匈奴左贤王部乘机进攻，又派李广等人率偏师出右北平，攻打左贤王，以策应霍去病主力的行动。

这一次，霍去病率精骑数万出北地郡，绕道河西走廊之北，迂回纵深达2000余里，远出敌后，由西北向东南出击，以秋风扫落叶之势，大破匈奴各部，在祁连山与合黎山之间的黑河流域与河西匈奴主力展开决战，杀敌3万余人，并取得决定性胜利。这次战役，霍去病共歼灭近三成的匈奴军队，俘获匈奴名王5人及王母、王子、相国、将军等百余人，收降匈奴浑邪王部众4万，全部占领河西走廊地区。河西走廊是匈奴的重要畜牧基地，走廊中段的焉支山出产的颜料是匈奴妇女的化妆品，为此匈奴各部大放悲歌："失我祁连山，使我六畜不蕃息；失我焉支山，使我嫁妇无颜色。"不久，朝廷在那里设置武威、酒泉、张掖、敦煌四郡，移民戍边生产。

河西之战，给河西地区的匈奴军以歼灭性打击，使大汉疆域拓展到这一地区，打通了汉通西域的道路，实现了"断匈奴右臂"的战略目标，为进一步大规模反击匈奴提供了可能。

经过漠南、河西两大战役的打击，匈奴势力遭到了重创，汉军已完全掌握了战争的主动权。然而匈奴首领心有不甘，继续南下袭扰。匈奴王还采纳汉降将赵信的建议，准备引诱汉军主力至沙漠以北地区，寻机加以歼灭。朝廷为了彻底歼灭匈奴主力，从根本上解决边患问题，针对匈奴认为汉军不能深入沙漠久留的心理，准备将计就计。在经过充分准备后，决定因势利导，乘敌不备，集中兵力，深入漠北，寻歼匈奴主力。元狩四年春（前 119 年），朝廷集中了精锐骑兵 10 万人，组成两个大的战略集团，分别由大将军卫青、骠骑将军霍去病统率。另以步兵几十万，马匹十余万配合骑兵主力行动。卫青、霍去病受命后，各率精骑分别出定襄和代郡，沿东西两路北进，决心在漠北与匈奴决战。

匈奴单于闻报汉兵将至，采纳赵信建议，将部众、牲畜、辎重转移到更远的北方，留精兵待于漠北。卫青出塞后，得知匈奴单于的战略意图，即率主力直扑单干所在，横渡大沙漠，北进几百里，寻歼单于本部。同时还命令李广、赵食其率所部从东面迂回策应。不久，卫青部主力与匈奴单于遭遇。卫青下令用武刚车环绕为营，以防匈奴袭击，并亲率 5000 精骑向单于军发起猛攻。单于亦遣一万骑兵应战。双方鏖战至黄昏，大风骤起，飞沙扑面，两军难辨彼此。卫青乘势分轻骑从左右迂回包抄。单于见汉军人多势众，自度无法取胜，遂带数百精骑突围，向西北逃遁。卫青发现单于潜逃，即派轻骑连夜追击，自率主力随后跟进。此战虽未能擒服单于，但一举歼俘匈奴军 1.9 万人，汉军挺进到寘颜山，尽烧匈奴赵信城及其积粟。

在另一个方向，霍去病率军出代郡和右北平，北进 2000 余里，渡过大沙漠，与匈奴左贤王部接战，尽歼其精锐，俘获屯头王、韩王及以下 7 万余人。左贤王及其将领弃军逃逸，霍去病乘胜追杀，直抵狼居胥山，并在狼居胥山积土为坛举行了封礼，在姑衍山祭地举行了禅礼，登海边山以望翰海，然后班师凯旋。

漠北之役是汉匈间规模最大、战场距中原最远、也是最艰巨的一次战役。这场战役，共歼匈奴 9 万余人，有效地削弱了匈奴势力，使其从此无力大举南下，造成了“匈奴远遁，而漠南无王庭”的局面。

武帝元狩六年（前 117 年），霍去病病逝，年仅 24 岁。下葬那天，令由匈奴降将组成的属国军穿着黑甲送葬，队伍自长安至茂陵，络绎不绝。朝廷为他建造了一座巍峨的坟墓，谥号景桓侯，以纪念他在抗击匈奴战争中立下的丰功伟绩。

汉武帝元封三年（前 108 年），卫青病逝，谥长平烈侯，与平阳公主合葬，起冢象庐山，以纪念其破匈奴之功。

大汉反击匈奴之战，从根本上摧毁了匈奴赖以发动侵扰战争的军事实力，使匈奴再也无力对汉构成大的军事威胁。特别是朝廷从匈奴手中夺取了河南、河西等地，并控制了广大的漠南地区，极大地扩展了国家版图。

此时南越形势也发生了变化。武帝建元四年（前137年），赵佗死，他的孙子赵胡继位。这一年距汉建国已70年，因此皇甫谧称："佗盖百岁矣。"赵佗在秦始皇时期为南海龙川令，年龄当不会太小。他在汉又生活了70年，儿子已先他去世。由此看，赵佗享年大约百岁的说法，是可信的。

赵胡继王位的第三年，闽粤王郢发兵攻南越。赵胡向朝廷告状。武帝派兵征讨闽越。兵未过南岭，闽粤王的弟弟余善杀郢以降。汉罢兵。武帝派庄助到南越，委婉地劝南越王，对汉击闽粤之功当有所表示。赵胡当即表示要报汉恩，令太子婴齐随庄助到京师守卫皇帝，自己也准备稍后朝见武帝。庄助去后，南越大臣劝赵胡不要朝见皇帝。他们说："入见则不得复归，亡国之势也。"赵胡听信他们的劝说，称病不去朝见武帝。十余年后，赵胡死，太子婴齐继王位。赵婴齐在长安时娶邯郸樛氏女，生子兴。婴齐立樛氏为王后，兴为太子，这时，武帝又多次派遣使者讽喻婴齐，要他去长安朝见天子，并要求在南越"用汉法，比内郡诸侯"。意思是要在南越推行大汉法制，要求南越像内地的诸侯国一样行事。赵婴齐和他的父亲一样，也是称病不行。婴齐死，赵兴继位。赵兴的母亲在未嫁给婴齐前，曾在长安与一个叫安国少季的人私通。阴差阳错，元鼎四年，武帝派遣使者到南越，使者就是这位安国少季。安国少季的使命是劝说南越王和王后入朝，要南越“比内郡诸侯”行事。武帝还准备了另一手，就是命令路博德屯兵桂阳，等待安国少季的消息，也算是给南越王施加点军事压力。

安国少季到南越后，与已成为王太后的樛氏女旧情复燃，两人多次私通，且不避众人耳目，以至南越人大多知其事，于是多不服王太后。王太后想依靠汉威巩固自己的权势，就劝南越王赵兴及群臣内属。她还主动上书武帝，表示“请比内郡诸侯，三岁一朝，除边关”。武帝答应了她的请求，并赐丞相、内史、中尉、太傅印绶。要求在南越废除故黥、劓刑，用汉法，“比内郡诸侯”。

赵兴与王太后准备北上朝见武帝。丞相吕嘉数次谏阻，赵兴不听。吕嘉在南越是三朝丞相，宗族为长吏者 70 余人，儿子娶王女，女儿嫁王子，势力大，耳目多，“得众心愈于王”。吕嘉谏阻无效，便欲叛乱，称病不见汉使。汉使想棒杀吕嘉，但惧于其势力，也不敢轻举妄动。赵兴与王后也害怕吕嘉发难，便置酒宴，想借招待汉使的机会除掉吕嘉。那一天，王太后南向坐，赵兴北向坐，吕嘉及大臣西向坐。吕嘉的弟弟率兵把守在宫外。席间，王太后质问吕嘉说：“南越内属，国之利也，而相君若不便者，何也？”她是想用这样的话激怒汉使。汉使果怒，也想当场除掉吕嘉，但犹豫不决。吕嘉见势不妙，便起身告退。王太后想在席间杀掉他，赵兴劝阻，吕嘉遂出。于是，吕嘉决心兴兵叛乱。

此事传至京师，武帝令庄参带着2000人生擒吕嘉。庄参说："以好往，数人足矣，以武往，二千人足以为也。"这已经有些轻视南越力量了。韩千秋则更进一步上奏："以区区之越，又有王、太后应，独相吕嘉为害，愿得勇士二百人，必斩嘉以报。"武帝是个好大喜功的人，对这种吹牛皮的人竟然很满意，便派韩秋千与王太后弟弟樛乐率2000人，入南越地。吕嘉听说汉兵将至，起兵叛乱，杀了南越王和王太后，立南越王的哥哥赵建德为王。随即传令郡县，煽动民族情绪，抗击汉军。韩千秋初入南越，略有小胜。行至距番禺40里处，与吕嘉军战，大败身亡。南越的形势愈发严峻了。

汉武帝元鼎五年（前112年），武帝派遣路博德、杨仆等率领楼船水师，分四路征伐南越。当年，杨仆攻陷寻陕、石门，得南越战船和存粮，并挫败越军先锋数万人。待路博德军至，共围南越王赵建德、丞相吕嘉于番禺。杨仆军在城东南，路博德军在城西北。夜里，杨仆下达了进攻令，汉军纵火烧城，番禺成了一片火海。天明时，城中将士投降。吕嘉与赵建德乘船仓皇西逃。路博德派人追击，在海上捕获吕嘉和赵建德，南越叛乱被平定。朝廷在南越故地设置儋耳、珠崖、南海、苍梧、郁林、合浦、交趾、九真、日南九郡。

南越自赵佗称王，历五世，近百年而亡。

二、张骞出使 沟通西域

在西汉以前，秦国故地与西方的联系可能已经存在，但没有形成稳定的交通线。其中一个重要的原因是华夏诸族与外界隔着众多非华夏族，从中原通向西方必须经过戎人、羌人、匈奴、西域诸族的地区，向西南则要经过西南诸夷的地区，在各民族间还处于隔绝或仇杀的状态下，利用和穿越对方地区是非常困难的。直到汉武帝初，这样的条件还没有改变。

武帝时期去往西域的道路是由大探险家张骞开通的。《史记·大宛列传》称此事为“张骞凿空”。《汉书·西域传》也说，武帝“事征四夷，广威德”，而张骞“始开西域之迹”。所谓“西域之迹”即“西域之道”的意思。张骞，汉中郡城固县人，武帝建元元年（前 140 年）任郎官，曾两次出使西域诸国。他率领数百人的编队，手持表示武帝亲任特使的节，携带着黄金、丝绸。19 世纪德国地理学家李希霍芬在 1877 年出版的《中国》一书中首先提出“丝绸之路”和“东西交流之路”，是指两汉时期与中亚河中地区及印度之间，以丝绸贸易为主的交通路线。以后的研究成果又将这条道路的西部延伸到地中海西岸和小亚细亚。武帝时期张骞的使命并非东西交流，而是一次对匈奴战略性国际关系中的政治行动。

就古代中国来说，从陆地延伸所向的西方曾是个幻想中的世界。许多中原大地没有的物产从骆驼背上运载而来。玉石、葡萄、苜蓿、葭苇、柽柳、胡桐、白草（毒药，使用于毒箭）以及乌孙和大宛的马，还有一项更重要的影响，即极大地改变了中国人精神世界的佛教。西汉都城长安虽比不上唐朝的长安，但也充满了西域文化的馨香。

建元三年（前 138 年），汉武帝从匈奴降人口中得知，西域有大月氏国，与匈奴积怨甚深，但苦于无人援助。武帝准备派人联络西域诸国，特别是联络大月氏，利用它同匈奴之间的矛盾，与之夹击匈奴。于是建元三年（前 138 年），朝廷下令招募出使西域、联络大月氏的使臣，张骞便以郎官的身份应募出使西域。

汉时，西域有广义与狭义之分，广义的西域泛指玉门关、阳关以西，经过天山南北，越过葱岭，直至中亚、南亚、西亚、欧洲、非洲的广大地区。狭义的西域主要是指天山南北，葱岭以东，玉门关、阳关以西的地方。这一地区，小国林立，号称 36 国，后来又分为 50 余国，是从大汉通向葱岭以西的交通要道。西域各国人口稀少，最大的龟兹，有 8 万多居民，最少的只有数百人，这些地方的居民大多过着游牧生活。张骞通西域之前，西域各国受匈奴役属，由匈奴日逐王派遣僮仆都尉进行管治。僮仆都尉经常率领数千骑兵巡逻各地，并征收繁重的赋税。自文帝前元三年（前 177 年），匈奴就开始利用西域援兵同汉对抗，入侵汉西北部的北地、陇西诸郡。因此，朝廷遣使通西域的最初目的，是为切断西域对匈奴的增援。

武帝建元三年（前 138 年），张骞应募出使之后，偕同堂邑氏家的家奴甘父以及随从百余人一起从长安出发，取道陇西郡进入匈奴境内。接近匈奴领土时，张骞一行直接向匈奴防线进发，希望能用最短时间穿过匈奴的领地。但他们低估了匈奴人防线的密度，没多久就被抓获送到单于驻跸的地方。单于下令把张骞等人扣留起来。过了十余年，张骞已经在匈奴娶妻生子，但他仍然手持汉节，不忘使命。甘父原本是匈奴人，善于骑射，穷困时，依靠他射猎的鸟兽维持张骞等人的生活。后来他们设法逃出匈奴，向西走了几十天，经过姑师、龟兹等地，越过葱岭，到达大宛王国。一路上还经过了几个中亚国家，这些国家的国王们听了张骞的描述，被东方的地大物博所吸引，更为东方的丝绸、瓷器等手工艺品所倾倒，都表示很乐意与大汉通商。但谈到双方结盟与匈奴作战等实质性问题时，西域诸国又慑于匈奴强大的实力，不敢答应张骞。

大宛王早已听说大汉富强，渴望与之通使往来，见张骞到来，非常欢迎，并问他们的去向。张骞说明自己是出使月氏的汉使臣，请求派人将他们送到大月氏，将来返回汉，定当厚报。大宛王深以为然，派向导和翻译把张骞等送到康居，又由康居送到大月氏。

张骞见到月氏王，劝说大月氏东归河西地区，与大汉共同夹击匈奴，以报前仇。但此时，大月氏已打败大夏，占领了一大片肥沃的土地，“又自以远汉，殊无报胡之心”，不愿东归。张骞在大月氏居住了很长时间，也没能说服月氏王东归，只好动身返回。他们从大月氏经南道的莎车、于阗等地东行。经匈奴时，又被俘获，拘留了一年多，适逢单于死后匈奴发生内乱，才得以携带在匈奴的妻子同甘父出逃，于武帝元朔三年（前 126 年）回到长安。

张骞一行，从出使到返回前后达 13 年之久，饱尝行程中的千辛万苦，战胜天灾人祸，艰苦备尝。初行时百余人，返回时仅张骞和甘父而已。武帝对他们深表嘉奖，拜张骞为太中大夫，封甘父为奉使君。

张骞第一次出使西域，虽未能实现预期的目标，却同西域各国建立了联系，掌握了大量有关西域一带山川、地形、物产、人口、风俗等方面的情况，增进了朝廷对西域的了解。此外，张骞一行在寻找月氏部落时，还收集了许多政治、经济和军事情报，甚至收集到更远的西方和南方国家的信息，包括身毒、大夏、大宛和安息的情况，为朝廷与其他国家的交流提供了便利。

在西域 36 国以北，天山北路的伊犁河流域有乌孙族。乌孙人原居河西地区，后来乌孙人在匈奴指使下远攻已经迁至伊犁河流域的大月氏，大月氏又被迫西迁，乌孙人就在伊犁河流域定居下来。乌孙人善骑射，能征战，有人口 60 余万，过着游牧生活，国王号称“昆弥”。乌孙原来役属于匈奴，后来逐渐强大，不服匈奴管辖。同时，天山南北 36 国不堪匈奴赋税的繁重，也渴望脱离匈奴控制。元狩四年（前 119 年），张骞向武帝提出建议，要求再出使西域，联络乌孙东归河西地区共击匈奴。他认为，乌孙原处祁连山、敦煌之间，乌孙王臣属匈奴，后来兵力稍强，不肯再受匈奴控制，双方发生摩擦，乌孙远徙。如今匈奴河西地区人少兵稀，蛮夷的风俗都是崇尚故地，而他们又贪恋财物，如果现在厚待乌孙，让他们在东方故地居住，与汉结为兄弟，就可以断匈奴右臂，既连乌孙，其西边的大夏等国皆可招为外臣。

武帝采纳了张骞的建议，任命他为中郎将，率领随从 300 人，每人配给马匹，并携带万头牛羊和价值数千万的金帛，另有持节副使多人，出使西域诸国通好。

然而，当时的乌孙，声名卓著的英明昆莫王已经年迈，国家分为三股势力。太子早死，其子岑陬被指名成为继承者，却遭到太子之弟大禄的反对，认为祖父不能传位给孙子，与其他兄弟结伙叛乱。在这种局势下，根本谈不上与汉结盟。张骞便派副使前往近邻各国。过后不久，他回国，还带回几十个乌孙使臣。

张骞回国一年多后死去，他的努力终于开花结果。与张骞一起来到长安的乌孙使臣亲眼看到汉朝的强盛，大为震撼，明白要反抗匈奴的压迫，就必须与汉结盟这个道理。乌孙了解到大宛、月氏等国家都与汉朝建立外交关系，也害怕自己遭到孤立，于是主动提出与汉和亲。

送给乌孙王的汉朝皇族女子名叫细君，江都王刘建的女儿。细君的父亲刘建是武帝的哥哥刘非之子，继承江都王的地位，却暴虐无道，据说不仅和父亲的姬妾，甚至还和亲妹妹私通。他是一个令人难以置信的施虐狂，喜欢看人被溺死的样子。一到刮大风的时候，就命人乘小舟，舟被狂风吹翻，他则笑呵呵地看着舟上的人落水抓住船舷挣扎、逐渐沉没溺死的惨状。宫中犯有过失者，令其裸体击鼓，或放在树上，有的还让狼吃掉。他甚至让宫女和禽兽交媾，其暴虐残忍、荒淫无耻之程度令人发指。他在江都王位置上六年，因谋反罪自杀，其妻成光被诛杀，弃于市。汉朝重臣一致认定他卑鄙无道，“虽桀、纣恶不至于此”。

江都王刘建死于武帝元狩二年（前 121 年），他的女儿细君在其父死后十六年的武帝元封六年（前 105 年）被送往乌孙和亲。虽说是大汉皇族女子，她的父母都获罪而死，她的命运充满可泣可诉的不幸。昆莫王已经老迈，双方语言又不通。据说细君公主创作这样一首歌悲叹自己的命运：“吾家嫁我兮天一方，远托异国兮乌孙王。穹庐为室兮旃为墙，以肉为食兮酪为浆。居常土思兮心内伤，愿为黄鹤兮归故乡。”

歌中说“穹庐为室”，这是乌孙的风俗。她在乌孙，似乎修建汉式宫殿，居住在里面。

昆莫王因自己高龄，将汉公主嫁给孙子岑陬为妻。祖父的妻子变成孙子的妻子。细君无法接受，向长安的皇帝申诉，然而武帝的回答是:“从其国俗，吾欲与乌孙共灭胡”。

不仅乌孙，匈奴等游牧民族的风俗习惯也是这样，父死之后，其子可承继生母之外的父亲妻妾。乌孙是汉消灭匈奴的重要盟军，所以武帝只好让细君以大局为重，接受该国的风俗习惯。

汉公主细君成为年轻的岑陬的妻子，生一女，不久后细君死去。乌孙是汉的重要同盟国，细君死后，武帝又将楚王刘戊的孙女解忧送给岑陬为妻。

嫁给岑陬的汉公主解忧生有三男二女，其中后来有的成为莎车王，有的嫁给龟兹王为妻。她们除了加强汉朝与乌孙的关系外，还是汉文化的传播者。

张骞第二次出使西域，历时 6 年，虽未能劝说乌孙东归，却密切了汉同西域各国之间的联系，将汉文化传入中亚，又由中亚传往更遥远的西方。张骞死后一年多，所遣副使也纷纷回到长安，所到各国也派使臣随同前来，与汉建立联系。于是，“西北诸国始通于汉矣”。

张骞两番出使西域，前后达19年，行程数万里，途中历尽艰辛。但他以坚韧不拔的勇气和毅力，克服了重重困难，终于完成了朝廷的使命。此后，西域各国相继归汉。天山南北第一次与内地连成一体，中原同西域以至更远的地方建立起日益密切的经济、文化联系，西域的各种物产也开始向东移植。

武帝元封六年（前105年），大汉使者沿着张骞的足迹，来到了今天的伊朗境内，拜见了安息国国王。汉使臣在安息国王面前展开了华丽光洁的丝绸，国王非常高兴，以鸵鸟蛋和一个魔术表演团回赠大汉朝廷。这标志着连接东方的中国和西方的罗马帝国的丝绸之路正式建立，中国同西亚和欧洲的通商关系也逐渐发展起来，中国的丝织品、科技和先进农业技术大量传播到这些地方。

汉代“丝绸之路”从关中长安开始，穿过河西走廊和塔里木盆地，跨越帕米尔高原，然后经过中亚各国，阿富汗、伊朗、伊拉克和叙利亚，直达地中海东岸的港口，全长7000多公里。不仅商人沿着这条“丝路”做丝、绢贸易，朝廷也常常以中国的锦、绣、绮等赠予外国的君王和使节，它在历史上促进了亚、非、欧各国与中国的友好往来，增进了经济文化交流。以后佛教及佛教文化也是经过这条道路传入东土，对中华文化产生了重大影响。

这种频繁的经济、文化交流，促进了西域社会的进步，也丰富了中原人民的物质文化生活。这在统一的多民族国家的发展进程中和中西经济文化交流史上都产生了深远影响。

第三节　统治危机　调整政策

一、财乏谋工商　重用桑弘羊

文帝、景帝时期，官库里的铜钱和粮食堆积如山，租税源源不断，由于政府实行无为的治国理念，支出不多，国库极为充实。武帝即位后，由于边境多事和频繁的灾荒，政府财政日渐困难。尤其是数次出击匈奴，国家财政空前紧张。武帝利用前两朝皇帝的积蓄，积极推进他的对外进取政策，可以说挥金如土。

武帝后期平定南越和朝鲜、远征大宛、继续攻打匈奴等战争，同时还有泰山封禅等巡游各地的活动。武帝信奉神仙，到处修建神仙所喜欢的巨大建筑物，甘泉宫的通天塔不过是其中一斑，此外在柏梁台上建造高 20 丈的铜仙人像，修建飞廉、桂馆、益寿、延寿馆等，其巨大之程度令人瞠目。柏梁台被烧毁以后，又立即修建规模更大的建章宫。

这一切所需要的费用简直无法想象。文景两朝的储蓄早就花光了。

武帝喜欢大手大脚，武帝认为，对有功者和投降者的奖赏就要不惜钱财。匈奴浑邪王投降时，武帝派两万乘车子前去迎接。四匹马拉的车子为一乘，集中两万乘的车子，需要何等巨大的人力、物力投入。对投降的几万匈奴士兵要奖赏，对出征的汉军官兵也要奖赏。据《汉书·食货志》记载，这一年汉朝支出的费用约为百余钜万钱。“钜万”，据颜师古注解为“万万”，即亿单位的钱财。虽然我们对当时的货币价值没有概念，但按照史书的记述推算，应该是难以置信的天文数字。

繁重的赋税徭役和豪强、豪商的盘剥，使广大农民日趋穷困。再加上连年天灾，致使农民纷纷破产流亡。这种财尽民穷的困难局面严重威胁着大汉政权。而此时，豪商大贾却乘机哄抬物价，虽家有万金却不拿一分接济朝廷，甚至有人利用汉初以来“开山泽之禁”的政策，操纵冶铁、煮盐、铸币等对国计民生有重大影响的经济部门，在政治和经济上对抗朝廷。在这种形势下，打击不法商人、增加国家财政收入便成为国家经济改革的重中之重。于是，盐铁官营、均输平准和统一铸币等重大改革措施相继出台。

汉初以来“开山泽之禁”，听任盐铁私营，豪商大贾和诸侯王纷纷冶铁煮盐，积蓄雄厚的经济力量。这种情况无论在政治上还是经济上对于朝廷都是不利的。汉武帝元狩三年（前 120 年），御史大夫张汤揣摩武帝旨意，提出了“笼天下盐铁”的建议。朝廷打破商人不得任政府官员的旧规，任用大冶铁家孔仅、大盐商东郭咸阳为大农丞领盐铁事，任用商人子弟桑弘羊主持财政事务。朝廷依靠这些人相继采取了一系列重要的经济改革措施。

孔仅，南阳人，大冶铁商。东郭咸阳，齐人，大盐商。他们对于盐铁生产有丰富的经验，从汉武帝元狩三年（前 120 年）至元鼎六年（前 111 年）的 10 年间，他们与桑弘羊一起，共同主持朝廷的财经改革。元狩六年（前 117 年），孔仅、东郭咸阳提出实行盐铁官营的具体方案：招募盐户煮盐，费用自理，由官府供给煮盐用盆；煮成的盐由官府按所值给价。至于铁器的生产，则规定在产铁地区设立铁官，就地冶铸；不产铁的郡国设立小铁官，收集废铁冶铸。食盐和铁器一律由官府统一销售，禁止私卖私铸。方案制订后，武帝命他二人驰赴各郡国贯彻执行。他们在建立盐铁管理机构时，安插了一些大盐商、大铁商担任各地盐官、铁官。这些人虽熟悉盐铁业务，但多利用职权营私舞弊，不仅制品质量低劣，而且还任意抬高价格，因而影响了盐铁生产和销售。数年之后，流弊日趋严重，破坏了盐铁官营的声誉。汉武帝元鼎六年（前 111 年），孔仅、东郭咸阳因用人不当被罢官。元封元年（前 110 年），桑弘羊被任命为治粟都尉代领大农令事，直接管理盐铁。

桑弘羊出身洛阳商人之家。洛阳处于华夏中心地带，自春秋战国以来就已经发展为著名的工商业城市。桑弘羊生活在这样的环境中，又受家庭经商影响，自幼就开始接触工商业务。据说他能“以心计”，而不用筹码进行运算。所谓筹码，是当时商人用于运算的一种竹制工具。武帝即位那年，桑弘羊就被召入宫廷任侍中，那时他才 13 岁。侍中职位不高，但地位亲近，“介入禁中”，经常接近天子，参与议论朝政。其中有不少人如卫青、霍光等都得到武帝赏识，升迁至高位。担任此官职的，多系显官、贵戚以及当时著名的文学之士。桑弘羊以商人子弟得任此职，且历仕达 20 余年，足以说明武帝对他的重视程度。

桑弘羊上任后，立即派人整顿各郡国的盐铁业，清除积弊，并扩大盐铁官营建置，在全国各盐铁产区设立盐官 45 处、铁官 48 处。经过整顿，盐铁的产量和销售都有了大幅度的提高。

盐铁官营是当时经济改革中的一项最重要成果，它大大缓解了朝廷的财政困难。元鼎五六年间，朝廷连年出兵，费用都是靠盐铁官营等项收入来支付。盐铁官营不仅增加了国家财政收入，还起到了建本业抑末业、防止大盐铁商利用经济力量结成朋党与官府对抗、禁其淫侈生活、防止兼并农民土地的作用。同时它还有助于削弱诸侯王的经济、政治势力，使其无法与朝廷抗衡或发动叛乱。再者，官营冶铁业生产规模大、人力充足、资金雄厚、专业分工明确，有利于提高生产技术和产品质量。

武帝天汉三年（前 108 年），朝廷又采纳桑弘羊建议，实行“酒榷”，即酒类专卖。其法类似盐铁官营，也是由私家作坊酿造，官府统一销售。实行之后，也起到了开辟财源、增加政府财政收入的作用。

为了打击富商大贾、高利贷者的经济力量，增加政府的财政收入，朝廷于元狩四年（前 119 年），颁布了算缗和告缗命令。

算缗就是政府向大商人、高利贷者征收财产税。朝廷规定：商人财产每 2000 钱，抽税 1 算，1 算为 120 钱；经营手工业者的财产，凡 4000 钱，抽 1 算；不是三老和北边骑士而有轺车者，每辆车抽税 1 算，商人的车，征收 2 算；船 5 丈以上者，每只船抽税 1 算。隐瞒不报或自报不实者，鼓励知情者揭发，叫作“告缗”。凡揭发属实，即没收被告者全部财产，并罚戍边 1 年，告发者奖给被没收财产的一半。此令一行，各地争相告缗，一时之间告缗之风遍及全国，“于是商贾中家以上大率破，民偷甘食好衣，不事畜藏之产业。”告缗之法只实行了 4 年，到元封元年（前 110 年）便停止了。

过去各地缴纳贡赋都是自备车辆或是雇商人的车辆运往京师，运费往往高于所运物资的价格。而且由于各种物资都集中在京师，供过于求，而有的地方缺乏物资，又供不应求，商人于是乘机牟取暴利。为了改变这种不合理的局面，朝廷实行均输政策。元鼎二年（前 115 年），朝廷先在一些地区试行均输，由于行之有效，元封元年（前 110 年）开始在全国推行。朝廷设立均输令；各郡国设均输官，负责管理均输事宜。均输就是各郡国把应当缴纳的贡赋按照当地市价，缴纳当地物产，由各地均输官组织运输工具，根据物资供需情况，运往京师或缺乏该物资的地区出售。后来又令远方各郡县“以其物贵时商贾所转贩者”作为贡赋，由官府就地出售，既免运输之劳，又可调整当地物价。设置均输以后，减轻了人民远道贡赋的负担，不但防止商人从中渔利，又可使朝廷得以控制运输和贸易，增加了国家的财政收入。

过去商人经常抬高物价，特别是元鼎二年（前 115 年）开始试行均输以后，由于政府各部门以及各地均输官争购物资，富商大贾乘机抬高物价，引起物价暴涨，影响政府的财政收入和人民生活。元封元年（前 110 年），为了平抑物价，桑弘羊建议在京师设立平抑物价的专门机构，实行平准政策。所谓平准，就是平抑物价。政府把全国各地输纳的货物集中起来，作为本金，物价上涨时卖出，物价下跌时买入，使富商大贾无法牟取暴利，从而稳定了物价。

实行均输、平准的结果，不仅打击了富商囤积居奇、投机倒把的活动，有利于稳定物价，安定人民生活，同时也开辟了财源，为朝廷增加了巨额的财政收入。

武帝还针对汉初以来币制混乱的局面，对货币流通体制进行了改革。

秦始皇灭六国后，统一全国货币。废除战国时混乱的币制，规定货币为两等：金称上币，铜钱为下币。一般民众中多用铜钱，所以铜钱成了通用的货币。刘邦建汉后改革币制，上币金由20两改为16两，又以秦钱重而难用为由，“更令民铸钱”。民间铸的这种铜钱称为“荚钱”或“榆荚钱”。因为钱的方孔大，圆周像四片榆荚，薄而小，故得其名。榆荚钱按规定重3铢，后来越铸越轻，有的甚至实重不过1铢。钱铸得越轻价值就越小，对铸钱者有利。货币减重，再加上当时物资匮乏，商人囤积居奇，导致物价暴涨。因币轻难用，所以汉高后二年（前186年），改用八铢钱。但八铢钱太重，铸造货币用铜太多，朝廷又禁止私人铸钱。从财政需要出发，高后又为货币减重，汉高后六年(前182年)实行五铢钱，重2.4铢，民众也称为“荚钱”。朝廷虽禁止民间盗铸，因有利可图，故而屡禁不止。文帝五年（前176年），因为荚钱太多，重量既轻，价值又小，民间使用多有不便。为方便民间使用，朝廷又改革币制，改铸四铢钱。朝廷放开禁令，允许民间铸钱。这一政策的实行，虽方便了市场流通，却也为分裂割据势力和某些官僚提供了可乘之机。吴王刘濞就在铜山中铸钱，壮大了经济实力，富等天子，最后发动了叛乱。邓通是个佞臣，由于文帝把蜀郡严道铜山赐给他铸钱，发了大财，财大胜过王者。国家开放铸币权，获利最大的就是这些人。由于看到放弃垄断铸币权的危害，景帝即位后，朝廷以“盗出徼外铸钱”的罪名抄没了邓通家产，又平定七国之乱，一举消灭了两个铸钱大户。景帝六年（前 151 年），朝廷还制定法令，规定私铸钱和伪造金者判死刑，禁止采金、珠玉作为货币使用。

到了武帝时，铜钱越来越轻、物价越来越贵的现象日趋严重。同时，一些诸侯王和豪商大贾、豪强人家利用财势操纵铸币大权，积蓄经济力量。针对这种情况，元狩四年（前 119 年），在张汤的建议和桑弘羊等的筹划下，朝廷开始改革币制，发行新币，将铸币权收归朝廷。朝廷所发行的新币，一种是用白鹿皮制成的皮币，价值 40 万钱，规定诸侯王觐见天子时必须用它作为献礼，实际上是强迫诸侯王捐献；另一种是用银和锡合金铸成的白金币；还新铸三铢钱，以代替过去的半两钱。尽管朝廷规定凡是私铸金钱者都处以死刑，但由于白金币比值太高，私铸者仍然甚多；三铢钱虽然公开发行，而旧钱却未收回，币制依旧紊乱。后来又废白金，改铸赤仄钱。但这种钱因盗铸犯法的人多达数十万，诛不胜诛，也无法实行。

元鼎四年（前 113 年），朝廷又采纳桑弘羊的建议，废除一切旧钱，由国家统一铸造货币。这种新铸的钱，称为三官钱，亦称上林钱，后世称为“五铢钱”。规定由上林三官即水衡都尉所属钟官、辨铜、均输三官专铸，一律禁止郡国私铸，命令各郡国将以前所铸钱作废熔化，把铜料送交上林三官。五铢钱的重量与实际重量相等，规格相同，质量较好，成本较高，使私铸者无利可图，从而杜绝了汉初以来民间私铸金钱的流弊，结束了币制紊乱的状况，使币制得到较长时期的稳定。据《汉书·食货志》载，自武帝初铸五铢钱到平帝元始年间，铸钱总数为280亿万余枚。从此以后，全国货币统一由朝廷铸造，币制归于统一。到了王莽时期，币制混乱，民间对王莽钱币毫无信任，仍私用五铢钱，证明武帝时期所铸钱币颇有信誉。

二、轮台罪己诏　平定巫蛊祸

武帝时期，存在着严重的弊政和社会问题。这些弊政引起社会动荡，至武帝后期，各地纷纷出现了农民暴动，农民军多则数千人，少则数百人，到处攻打城邑，杀戮官吏，释放囚犯。武帝指派酷吏，动员军队，用几年时间进行镇压。

武帝时期巫蛊对宫廷生活和国家政治生活的影响不可小觑。所谓巫蛊，就是利用人们的迷信思想，制作象征真人的木偶埋在地下，请巫师用巫术进行诅咒，据说这样做就能把人害死。武帝的第一个皇后陈皇后，就是因为用巫蛊陷害人而被废的。

陈皇后于元光五年（前130年）被废黜，原因是她从事媚道。所谓“媚道”，即“巫蛊”。当时迷信的人相信这种方法很灵验，但汉律对此严格禁止。

御史张汤负责审理此案，此人以酷吏著称。

经查，系女巫楚服唆使陈皇后这样做的，于是相关者三百多人尽被诛杀，楚服枭首示众。

武帝最终还是没有下决心处死陈皇后，让她隐居长门宫，一切待遇照旧。长门宫是陈皇后的母亲馆陶公主进献的宫殿，位于长安城东南，原先叫作“长门园”。

太始元年（前 96 年）春正月，参与过反击匈奴之战的公孙敖被腰斩。《资治通鉴》记述道：“坐妻为巫蛊”。

这可以视为后来发生的极其残忍的“巫蛊之乱”的开端。

当年在卫青被馆陶公主抓起来要被杀的时候，公孙敖率领壮士把他救出来。公孙敖担任将军以后，有过两次失败，一次是损兵 7000，另一次是未能按时会师，两次都该处斩，但最终赎罪为庶人。损兵折将 7000 自然是一场败仗，但还是保住了性命。然而，一旦牵扯进巫蛊，那就无可救药了。这个死刑还不是他自己的罪行，而是为妻子的连坐。这说明巫蛊的妖术之罪比战败还要重。

当时巫蛊之术十分流行，而且多是女子所为。据说巫蛊之术不仅可以咒杀别人，还可以实现自己的愿望，所以谁都想试一试。对巫蛊之术处以比战败还要严厉的刑罚，既然要冒这么大的危险，也许人们会反过来认为它的确极为灵验。

既然是不可赦免的死刑，自然就会被人利用，作为保护自己、陷害政敌的武器。

汉代是一个游侠横行的时代。阳陵大侠朱安世触犯法律，却一直抓不到。侠客世界里，虽然有秘密的互助组织，但抓不到朱安世，主要缘于他知道巫蛊的秘密。这可以说是以巫蛊为武器保护自己的例子吧。

虽然巫蛊之术的流行极其隐秘，但要制作偶人，要挖坑，要请巫女施加咒术，要在地面上洒酒，这些活动不是一个女子就能完成的，都需要帮手。帮手要冒杀头的危险，自然也要求高额酬金。这些人一般都不干什么正经业务。

朱安世相当于黑社会的大头目，对谁委托谁施行巫蛊都十分清楚。

巫蛊的特点是罗织罪名。陷害清白无辜者，无中生有“诬以罪”最为便利。朱安世通晓巫蛊之术的整个流程。如果有人要抓自己，朱安世已经事先准备好诬陷的罪名，于是警告官府，胆敢抓我的话，小心你们自己的小命。

游侠朱安世最终还是被官府逮捕了。事情是由丞相公孙贺之子公孙敬声的不端行为引发的。

公孙贺是卫皇后的大姐君孺的丈夫，公孙敬声和皇太子刘据以及故去的霍去病等是表兄弟关系。正因为如此，公孙敬声十分蛮横骄矜。

公孙贺气量极小，十几年前被任命丞相的时候，就犹犹豫豫地推辞不干，因为汉朝很多丞相被问责处死。窦婴、李蔡、严青翟、赵周等，9 个丞相中，4 个人或被处死，或自杀，或死于狱中，死亡率如此之高，所以公孙贺胆战心惊。之前他是九卿之一，负责马政的太仆，努力管理好天子的车马以及马厩即可，与身家性命没多大关系。一旦当上丞相，不知道什么时候这脑袋就会搬家。他跪在武帝面前，放声大哭，不肯受命，但武帝把印绶放在那里，自己转身走了出去，公孙贺不得不接受丞相的任命。他上任以后，万分小心，慎之又慎，平安无事地干了 11 年。

公孙敬声接任其父太仆的职务。公孙贺一生谨慎，在丞相位置上小心翼翼地经营了十几年，最后不是因为自己的工作失误，而是因为儿子导致身败名裂。

公孙敬声贪污北军公款1900万钱而入狱。公孙贺焦急万分，坐立不安，一心只想把儿子救出来。如果公孙贺立有大功，也许还有可能，但他不是武将，没有像妻子的弟弟卫青或者外甥霍去病那样与匈奴作战取得辉煌战果。他经过各种调查，得知黑社会大头目朱安世长期未能抓捕归案。公孙贺明白，这是治安上的重大问题，如果抓住朱安世，就是自己的一大功劳。

于是，公孙贺竭尽全力终于将朱安世抓捕归案。朱安世坦然道:“丞相祸及宗矣！南山之竹不足受我辞，斜谷之木不足为我械”。

朱安世的意思是，终南山的竹子和斜谷的树木非常之多，如果我把所知道的事情全部坦白出来，因此而获罪的人比终南山的竹子还要多；把斜谷所有的树木做成枷具，也不够用的。

事情闹大了。朱安世在狱中上书武帝，揭发公孙敬声与武帝的女儿阳石公主私通，还说甘泉宫的行幸路下面埋着咒杀皇帝的人偶。

经过调查，朱安世的供述不是无中生有，果然从行幸路下面挖出人偶。于是，公孙贺和他的儿子公孙敬声先后被关进监狱，后来死于狱中。他的一家也皆被诛杀。

由于朱安世的揭发，武帝的女儿诸邑公主、阳石公主也都以巫蛊之罪被诛。这两个人都是卫皇后所生。卫青的儿子卫伉也同样因巫蛊连坐被杀。卫青是平阳公主的丈夫，但卫伉不是平阳公主所生。因为朱安世的揭发，卫皇后失去两个亲生女儿，大姐一家被满门抄斩，而且大将军卫青的遗孤卫伉也被杀掉，卫皇后身边的人所剩无几。

那么，太子刘据能够安然无恙吗？刘据是卫皇后所生的唯一儿子，但武帝还有其他儿子。王夫人所生的刘闳为齐王，李姬所生的两个儿子旦和胥分别为燕王和广陵王，赵婕妤生下一个名叫弗陵的皇子，还有武帝宠爱的李夫人所生的髆为昌邑王。

武帝对太子刘据一直不满，说他不像自己。但太子性情仁恕温良，敦厚好静，故而武帝和群臣都认为刘据必能安天下。因此每当武帝离京出巡时，都把朝中诸事交付太子执掌，寄予厚望。太子执掌政务时，往往改变武帝用法严苛、多任酷吏的方针，采取宽厚政策，对狱讼多所平反，大得民心，武帝也很满意。然而那些酷吏大臣却心存不满，害怕将来太子即位后于己不利，于是千方百计在武帝面前诋毁太子，流布谗言，设计陷害，企图借武帝之手，铲除他们的心头之患。

朱安世被捕引发的巫蛊事件可以说是第一次巫蛊之乱。事件发生在汉武帝征和元年（前 92 年），次年公孙贺一家被杀。就在这一年，发生第二次巫蛊之乱，太子终于被牵连进去。

第二次巫蛊之乱的主角名叫江充。

江充是赵国邯郸人，有一个能歌善舞的漂亮妹妹，为赵王的太子丹所宠爱。赵王是武帝的同父异母弟刘彭祖，审慎严谨，勤于政务。为同彭祖的胞弟（母亲是贾夫人）就是据说生有 120 个孩子的中山王刘胜。虽为同母所生，但兄弟俩的性格差异如此之大，令人不可思议。中山王讥笑哥哥赵王“兄为王，专代吏治事”；反之，赵王批评弟弟中山王“但奢淫”，“何以称为藩臣”。

刘彭祖严于律己，但太子丹却骄奢淫逸、品行不端。江充把从妹妹那里打听到的有关太子的事情一五一十地全部报告给赵王。太子恼怒，要抓江充，但他逃到长安。赵国太子则杀掉江充家族。

为了报赵太子丹杀其家族之仇，江充在长安将赵国太子的所作所为向朝廷揭发，武帝便将太子丹投进监狱，廷尉审理，判其死刑。赵王刘彭祖为人耿直，他上书奏请，表示自己选拔赵国勇士，亲自率领讨伐匈奴，拼死力战，以赎儿子之罪。武帝没有同意，却免去太子丹一死，给予废黜太子的处分。

武帝以前从未见过江充这类人，第一次召见的时候，江充穿着奇装异服，给武帝留下了深刻印象。武帝高度评价他无所畏惧地揭发诸侯王的勇气，决定予以重用。江充得宠，负责督察长安的治安和查禁贵戚近臣的违法行为。当时权贵不守法纪的现象很严重，江充征得武帝同意，将一批违法近臣贵戚的车马没收，让他们报名参加征伐匈奴的战争，又禁止他们进宫求情。他们的子弟十分恐慌，向武帝请求交钱赎罪，朝廷一下子收到数千万罚款。武帝认为江充为人忠直，执法不阿，对他言听计从。

江充天不怕地不怕，毫不留情地揭发一个又一个皇亲国戚。就连馆陶公主、太子刘据也不放过，指摘他们的过错。江充随武帝在甘泉宫时，见到太子属员的马车在皇帝专用的驰道上行走，扣留后送交主管部门处理。太子闻讯，派人向江充说情，说不是舍不得车马，实在是不想让皇上知道，怪自己没有管教好下属，请江先生饶了那些下属。江充不听，一五一十地报告武帝。武帝称赞他："人臣如是矣。"于是对他更加信任。

江充这个人一天到晚就喜欢无事生非，栽赃陷害，否则心里就不痛快。他受命穷治巫蛊，借机用事，动用各种酷刑，肆意陷害他人。"自京师、三辅，连及郡、国，坐而死者前后数万人。"一直牵连到卫皇后和太子刘据的身上。

由于驰道事件，江充与太子交恶。这时，武帝已经 66 岁，太子正是 38 岁的壮年。武帝时代不会持续很长时间了，武帝一去世，即位的太子必定要对江充进行报复。

江充从朱安世的做法中得到启发，他秘密准备许多木偶人，埋在各处，并且把手伸到宫中，在皇后的宫殿、太子的住所也都埋下偶人。

年迈的武帝变得疑心很重，十分迷信。江充指使一个匈奴出身，名叫檀何的巫师对皇上说“宫中有益气，不除去后患无穷”。

如果一下子明目张胆地针对太子，必定露出欺骗的马脚，江充通过各种形式，从民间到政界，到处都陷入巫蛊的一片混乱中。一个接着一个地审问拷打，一个又一个无辜的人被杀害，据说这个数量已达到几万人。这一切都是为了掩盖针对太子的真正目的。在经过这一系列准备之后，江充才让檀何对武帝说“宫中有益气”。接着，后宫女性的住所，皇后、太子宫殿都被挖地三尺，结果发现很多木偶人，其中太子宫殿里最多。

从江充一贯的做法来看，刘据如果不采取非常手段，肯定难逃此劫。唯一的手段就是政变。

太子的家臣假装成皇帝使臣，抓捕江充，带到太子跟前。太子骂道：“赵虏！乱乃国王父子不足邪！乃复乱吾父子也！”命江充在自己的面前自杀。这就是这个屠杀数万无辜者性命的旷世未有妖人的结局。那个胡言宫中有益气的巫师檀何也被监禁于上林苑烧死。

在甘泉宫的武帝听到长安政变的消息时，迅即下令："以牛车为橹，毋接短兵，多杀伤士众。坚闭城门，毋令反者得出。"接替公孙贺担任丞相的刘屈氂惊慌失措，连印绶都丢失了。相比之下，尽管武帝年迈，还是镇静自若，严令镇压，防止事态进一步扩大。

另一方面，太子刘据在宫中向百官宣布："帝在甘泉病困，疑有变，奸臣欲作乱。"然而，武帝回到长安城西面的建章宫，"帝病困"的说法不攻自破。政变以失败告终。

蒲慕洲在其著作《巫蛊之祸的政治意义》中指出："巫蛊之祸，是由武帝个人的猜疑与迷信，臣子之间的恩怨，以及皇位继承问题（其中包括武帝与太子的不合，武帝立刘弗陵的意图，和李氏立昌邑王的计划）所相互激荡而产生的。其中有偶然因素，也包含了当时政治社会所现有或潜存着的问题，一经引动，便爆发开来。它的起源是巫蛊的迷信，它的终结却是政治的整肃。"

征和三年（前 90 年）春，北部又发生边患，匈奴入侵五原、酒泉二郡，杀汉两都尉，迫使武帝令贰师将军李广利率 7 万大军反击。自霍去病、卫青死后，武帝把统兵打仗的重任委与所宠幸的李夫人的哥哥李广利。但天下良将并非皆出自皇亲国戚，李广利的才略忠勇均不如卫、霍二将。正当李广利乘胜追歼匈奴之际，后方传来了李广利妻小因巫蛊事件受牵连而被捕入狱的消息，军心动摇，随后汉军战败，李广利投降匈奴。武帝受到致命打击。同年秋，沛郡又发生了公孙勇、胡倩叛乱事件，扰乱临郡，也令武帝寝食难安。

在各种天灾人祸的接连打击之下，武帝开始逐渐醒悟。特别是对奸吏所告发的巫蛊事件，经过核查，多非事实。最严重的是太子一案，终于使武帝明白了太子是遭人陷害，因恐惧而发兵自卫。恰在此时，看守汉高祖陵庙的田千秋为太子上书鸣冤。武帝召见田千秋，此人身材高大魁梧，所言合情合理，尤其“臣尝梦见一白头翁教臣言”这一句话让武帝颇为动心，心想出现在汉高祖陵寝宿卫官梦里的必定是高祖刘邦。这更使武帝确信太子无辜，立即拜田千秋为大鸿胪，族灭江充一家，修建思子宫和归来望思台，深表忏悔。然而武帝在灾难面前，仍把希望寄托于神灵保佑上，对自己的失误，尚未彻底改弦易辙。

汉武帝征和四年（前 89 年）正月，武帝又一次巡行东莱，求神仙，祭泰山。到达海岸后，他拒绝群臣劝阻，不顾年事已高，执意要到海中求神仙。临近出海时，狂风大作，天昏地暗，海上掀起滔天巨浪，武帝无法登船入海，才怅然而返。至此，武帝才感到神仙不可求，并决心把精力用在人事上。归途中，武帝有意识地同农民一起耕了一会儿田。到达泰山祭祀时，他召见群臣，对自己的过错做了公开的自我批评。他沉痛地对大家说："朕即位以来，所为狂悖，使天下愁苦，不可追悔。自今事有伤害百姓，糜费天下者，悉罢之！"如此坦诚悔过，以减少天下疾苦为施政出发点，既总结了过去的教训，又昭示了对未来的期望，令听者大为感动。

征和四年（前 89 年）六月，武帝回到长安，决心恢复以农为本的治国方针，停止对外用兵征伐，也不再四处巡游、祭祀鬼神。由于政策的改变，以往那些勇锐轻死的武夫、心毒手狠的酷吏、谈神说鬼的方士等，已不再受宠，而一些宽厚务实的官员则被委以重任。武帝拜田千秋为丞相，封富民侯。

武帝封田千秋之举是为向天下宣告朝廷要推行富民政策，"以明休息，思富养民也"。武帝又任命赵过为搜粟都尉，推广代田法。赵过先在太常、三辅做示范，获得良好效果。又因缺乏耕牛，推行代田法和人力犁，开垦出更多的良田，而且大幅度提高了粮食产量。新的耕作方法推广到边郡一带，"是后边城、河东、弘膛、三辅、太常民皆便代田，用力少而得谷多"。

在封田千秋为富民侯之前，搜粟都尉桑弘羊与丞相、御史奏言，建议在西域轮台以东置校尉屯田，募民垦荒，筑列亭障，扬威西域。但武帝认为天下疲极，不益于再有所兴作，困扰百姓。

自泰山回朝后，武帝进一步反思过去。他借回应轮台屯田的建议，诏告天下，表示要“深陈既往之悔”，决定不再打仗，恢复农业生产，鼓励农民休养生息。这就是历史上著名的《罢轮台屯田诏》。

“轮台诏”标志着武帝末年政策的转折。他要改正自己的过失，停止连续32年的大事征伐，从此不复出兵。强调当今之务在于发展农业，将注意力转移到重视生产、减轻民众负担、恢复民力上来，因而出现了社会安定的转机。

古人云：“知错必改，善莫大焉。”武帝能在晚年知过易行，也算给自己的一生画上了圆满的句号，不愧为一代英明皇帝。对此司马光评论说：“孝武穷奢极欲，繁刑重敛，内侈宫室，外事四夷，信惑神怪，巡游无度，使百姓疲敝，起为盗贼，其所以异于秦始皇者无几矣。然秦以之亡，汉以之兴者，孝武能尊先王之道，知所统守，受忠直之言，恶人欺蔽，好贤不倦，诛赏严明，晚而改过，顾托得人，此其所以有亡秦之失而免亡秦之祸乎！”

第三章

日薄西山

——西汉王朝由盛转衰

在西汉历史上，一共出现过三次繁盛时期，“文景之治”开启了汉初安定繁荣的局面，雄才大略的汉武帝使西汉王朝一度达到鼎盛，而继武帝之后的昭宣中兴，又使西汉王朝获得了勃勃生机，从而避免了迅速灭亡。西汉社会经昭、宣二帝以法治和德治相结合的政策求得了社会的安定，促进了社会经济的恢复和发展。但这也只好像是给患各种疾病的人打了一针强心剂一样，只能一时好转，不能解决根本问题。一个政权的衰败，王朝的覆灭，原因是多方面的。一般规律是开国的皇帝及其新王朝巩固、发展时期，政治清明，吏治较好，贪官污吏处于孤立或随时被惩处的状态。到了晚期，皇帝或自幼生长于享乐腐化的宫中，或为腐败官宦所挟持，或被聚敛财富的阶级所左右，难以重整基业。西汉自宣帝以后的衰势亦是如此，贪官污吏从上到下形成了势力，即使有作为的皇帝或大臣，也很难扭转，且往往还被排挤或处死。

第一节　汉室中兴　盛世重现

一、武帝托孤　霍光辅政

天下大势，盛久易衰。武帝末年，围绕皇位继承问题展开的斗争已或明或暗。征和二年（前 91 年），武帝悉心培养的太子刘据因巫蛊之事被逼自杀，太子虚悬未定。当时武帝还有 3 个儿子，燕王刘旦和广陵王刘胥是一母所生，他们平日骄横不法，非太子人选。小儿子弗陵年仅 7 岁，武帝要立他为太子，必先物色一个忠实可靠的大臣来辅佐。武帝认为，朝中大臣只有霍光可担此重任。联想起古代周公辅佐年幼成王的故事，武帝就让人画了一张《周公负成王朝诸侯图》送给霍光，暗示要霍光像周公辅成王一样来辅佐幼主弗陵。

霍光，字子孟，约生于武帝元光年间，河东平阳人。他跟随武帝近三十年，是武帝的重要谋臣。其父霍仲孺先在平阳侯曹襄府中为吏，与平阳侯的侍女卫少儿私通生霍去病，后归家娶妻生霍光。也就是说，霍光与名将霍去病是同父异母兄弟。

霍去病儿时并不知道自己的生父。在京城任将时，才知道自己的生父是霍仲孺。武帝元朔四年（前 125 年），骠骑将军霍去病率兵出击匈奴，路过河东，与其父相认，并为其购买了大片田地房产及奴婢。当时，霍光只有十多岁。霍去病得胜还京时，将霍光带至京都长安，把他安置在自己帐下任郎官，后升为诸曹侍中，参谋军事。是因为在霍去病手下任职，霍光得以有机会接近皇帝。他为人端正，办事机灵严谨，深受武帝喜爱，后来逐步提升为侍中，在内廷侍卫皇帝。两年后，霍去病去世，武帝提拔霍光担任光禄大夫，常伴随皇帝车驾出行。霍光就这样在武帝身边侍奉了二十多年。在他担任侍中时，谨记自己的职责，每次出宫、下殿时，起止步都有固定的位置。有人曾暗中跟随做出记号，事后测量竟丝毫不差。他的周密、审慎得到武帝的嘉奖，同时，错综复杂的宫廷斗争也锻炼了他。

武帝为避免自己死后政局发生变乱，在抑制刘旦、刘胥的同时，为避免吕后篡权重现，竟将幼子弗陵的母亲勾弋夫人赐死，以绝后患。

后元二年（前 87 年）春，武帝游五柞宫，病重，霍光涕泣问道：如有不测，当立谁为嗣君？武帝回答说：立弗陵，你做辅政大臣。霍光叩谢谦让并推举金日磾，而金日磾又推让霍光。如此，武帝立弗陵为太子，并命霍光为大司马大将军，金日磾为车骑将军，上官桀为左将军，桑弘羊为御史大夫，命他们四人共同辅佐幼主。二月丁卯，武帝驾崩，弗陵即位，是为昭帝。武帝在位 54 年，是大汉在位时间最长的皇帝。遵武帝遗诏，霍光成为辅命大臣。那一年，昭帝年仅 8 岁，“政事一决于光”。

霍光辅政，面临的第一要务就是稳固皇权。当时的政治斗争异常激烈，最为突出的就是霍光与同时辅政的上官桀，以及燕王刘旦的较量。霍光长期侍奉在皇帝身边，养成一种貌似谨慎正直的性格，他十分精通如何运用权力。每当遇事，他会在心里考虑自己会如何处理。武帝时代，他只能在心里考虑，不能付诸实施，但幼帝继位后，他的想法就有可能付诸实施。为此，掌握全部权力，首先要打倒与自己分权的人，这个人就是上官桀。其实上官桀和霍光还是亲家关系。

始元六年（前 81 年），上官桀、燕王旦等人加紧了政变的准备。他们沿用“清君侧”的故技，以燕王旦的名义上书昭帝：霍光正在检阅京都兵备，京都附近道路已经戒严；霍光将被匈奴扣留 19 年的苏武召还京都，任为典属国，意欲借匈奴兵力攻打朝廷。他们还指责霍光擅自调动所属兵力，图谋不轨。他们称燕王刘旦为防止奸臣变乱，要入朝宿卫。在一次霍光外出时，上官桀将这份奏章送到昭帝手中。

昭帝看过奏章后，没有理睬。次日早朝，霍光上朝。霍光也已得知上官桀上奏之事。他没有去朝见昭帝，而只是站在张贴着《周公负成王朝诸侯图》的画室里等待。昭帝不见霍光，就向朝臣问起。上官桀回答说：因燕王告发他的罪状，怕是他心中有愧，不敢上朝。昭帝十分平静，召霍光入朝。他当着群臣的面对霍光说：我已知书信是造谣诽谤，你根本无罪。如果你要调动所属兵力，根本用不了 10 天，燕王刘旦远在外地，如何知晓！况且，你如果真的要谋反，那也无须如此大动干戈！ 14 岁的昭帝一语揭穿上官桀等人的阴谋，在朝大臣无不惊叹他的聪明善断。

上官桀等人并不甘心就此罢手。他们计划，设宴宴请霍光，由预先埋伏的兵士杀死他，然后废除昭帝。因事机不密，有人向大司农杨敞告发了这一阴谋。杨敞是司马迁之婿，他马上转告谏大夫杜延年。随后昭帝、霍光先发制人，将上官桀等人逮捕。上官一家，除既是皇后又是霍光外孙女的一个幼女外，尽行被诛。燕王刘旦自知不得赦免自杀而死。自此，霍光的辅政地位才真正稳固下来。

因为武帝的奢侈和征伐，到汉昭帝时期，工商业凋敝、物资困乏，而且短时间内很难改变这种状况。谏大夫杜延年为此特向大将军霍光进言，近来失业流民未尽回归故土，连年歉收，应该重修孝文皇帝时之清明政治，上顺天意，下和民心，以勤俭、宽和为本，这样才会使年景有所改变。霍光采纳了他的意见，示意要将与民休息的既定政策继续推行下去。

盐铁官营、酒榷、均输等经济政策，都是朝廷在反击匈奴、财政空虚的情况下实行的。当时实施这些政策于国于民都有益。但是，随着形势的变化，官营盐铁、酒榷、均输等政策逐步使财富集中于少数人手中，官吏富商垄断了这些行业，而百姓为维持生计，不得不忍受官府豪门的欺压。甚至出现了豪吏富商积货储物以牟取暴利，收贱卖贵完全控制市场的局面。针对这一新情况，昭帝即位之初，霍光就围绕着改变盐铁官营、酒榷、均输等经济政策，与桑弘羊等人进行周旋。

始元元年（前 86 年），霍光派廷尉王平等 5 人出行郡国，察举贤良，访问民间疾苦、冤难以及无业之人，为召开盐铁会议做准备。六年（前 80 年）二月，霍光将郡国所举贤良之士接到京城，由丞相田千秋、御史大夫桑弘羊主持，正式举行了盐铁会议。这就是历史上著名的“盐铁会议”，东汉桓宽根据这次会议整理成《盐铁论》一书。霍光虽然没有亲临会场，但他改变盐铁官营、酒榷、均输等经济政策的态度十分明确。会议就坚持还是罢废盐铁官营、均输等问题展开了讨论，内容涉及经济、政治、军事等各个方面，包括抵御匈奴、治理国家等重大问题。辩论中多数人主张废除盐铁官营和均输政策。但桑弘羊并不赞成这样做，他认为，盐、铁、酒类专卖和均输措施等，都是国家赖以巩固中央统治、保卫边疆，令财用充足的支柱，不能废除。

当年七月，昭帝采纳了霍光的意见，下令废除盐铁官营、均输。这就从根本上协调了社会各方面的利益，缓和了社会矛盾，从而为恢复并发展经济提供了条件。

昭帝在位 13 年，百姓充实，社会安定，犹如回到了文景之治，出现了“昭宣中兴”的喜人景象。

二、稳定局势　昭宣中兴

天有不测风云，人有旦夕祸福。21 岁时，昭帝暴病而亡。霍氏家族乘机崛起，并开了汉代外戚专权之先。昭帝无嗣，他死后，由谁来继承帝位，这是霍光等公卿大臣面临的一大难题。霍光等人先是选择了武帝之孙、袭封昌邑王的刘贺，但这个刘贺本是纨绔子弟。霍光等人以太后的名义派车接他入京登基，他喜不自胜。《汉书》记载：昌邑王来到长安后，其言行完全是一个不折不扣的暴君。他一路上掠夺妇人女子，不顾昭帝的灵柩安置于前殿，肆无忌惮地打鼓唱歌，与亲信饮酒作乐，命人与虎搏斗，还与昭帝的宫女淫乱，并让其属吏、家人都穿上刺史的官服，封官晋爵，任其胡作非为。

刘贺即位的第 27 天，霍光将所有在朝大臣、列侯、博士等召集到未央宫，当众宣布要废掉刘贺，另选贤明。废立之事关系重大，群臣无人敢言。田延年看到这种情况，立刻站起，假意斥责霍光说，武帝把汉家天下托付给你，就是因为你忠诚于汉室，能使大汉长治久安。现在如果继续让刘贺做皇帝，就会断送汉家天下，你霍光即使死了，又有何面目去见武帝呢！田延年手握利剑，严词厉色，声称如有人敢反对废除刘贺就地斩之。群臣见此情景，不敢有异议，都表示同意由霍光主持，废除刘贺，另选贤明之主。

昌邑王既未亲拜高祖宗庙，也未举行即位大典，必要的仪式都未完成，他的身份还是昭帝的皇子。所以，昭帝遗孀上官氏（霍光的外孙女）作为皇太后可以废立自己的儿子。

17岁的皇太后叫来昌邑王，告诉他因无道而废黜其帝位。

在霍光的主导下，朝廷迎立武帝曾孙刘询（初名病已，后改为询）为帝，是为宣帝。宣帝出生数月遭遇“巫蛊之祸”，身在襁褓之中就被牵连入狱。受有关官员怜护，被女囚犯乳养，逢大赦方获释出狱。后来，恢复他宗室身份，但仍在民间生活。

宣帝初即位，霍光“稽首归政”，表示自己没有任何野心。宣帝处事谨慎，谦让不受，“诸事皆先关白（霍）光，然后奏御天子。（霍）光每朝见，上虚己敛容，礼下之已甚”。霍氏一门从昭帝朝开始，就担任朝廷的主要职务，亲党相结，势力熏天。宣帝虽然内心对霍氏擅权极为不满，但表面上依然对霍光恭敬有加，以免滋生事端。

宣帝在民间时娶许广汉的女儿许平君为妻。许平君 14 岁时曾许配给欧侯氏为儿媳，但未过门丈夫就病死了。所以许广汉也不在意皇曾孙是叛逆之后，还是把女儿嫁给了他。宣帝即位后，封许平君为婕妤，中宫后位未定。群臣为讨好霍光，多鼓动立霍光的小女儿为皇后。宣帝听后，对身边的侍者说：朕当年寒微时的佩剑在哪里？去为朕取来。群臣明白了宣帝的意思，同声请立许平君。最终，许平君得立为皇后。

本始三年（前 71 年），许皇后怀孕，但吃过宫廷女医淳于衍的丸药后死去，据说是霍光的妻子命令女医毒死皇后。许皇后死去一年之后，霍光的幼女成君被册立为皇后。霍光的外孙女是皇太后，女儿是皇后，这样的关系有点儿复杂。

地节二年（前 68 年），霍光病死。宣帝亲到病床前慰问，大将军甚为感激，上书表示愿将自己的国邑分出三千石，让哥哥（霍去病）的孙子霍山作为列侯继续祭祀兄长。不久，霍山被封为乐平侯。

霍光的葬礼十分隆重，皇帝、皇太后亲自参加。霍光之子霍禹成为右将军。乐平侯霍山被任命为尚书。

宣帝即位六年，已经为自己的亲政做好准备，相信没有霍氏家族的辅佐也能管理运营国家。

地节三年（前67年），宣帝立亡妻许皇后所生的奭为太子。

霍光的遗孀怒而吐血，劝说女儿霍皇后毒死太子。但是，太子所有的饮食都经过专人尝试，所以无从下手。宣帝觉察到许皇后大概是被人毒死的，对霍氏家族十分戒备，不敢掉以轻心。

接着，宣帝决定群臣中曾经上奏过的可以不经尚书直接参内奏闻。这项决定就是对拥有绝对权限的尚书的釜底抽薪，这意味着尚书以后就无法扣押对霍氏不利的奏文。

宣帝对霍氏的再次挑战是停止车骑将军和右将军的屯兵，其理由是："久劳百姓，非所以绥天下也。"人民需要休养生息。当时的右将军是霍禹，车骑将军是张安世，他们从而失去对军队的指挥权。张安世立即被任命为卫将军，霍禹虽然得到与父亲同样的大司马的官职，但没有印绶，没有可以指挥的军队，有其名，无其实。

接着，宣帝对握有军权的霍氏亲戚进行调整，把他们调离军队，有不少调到蜀郡、武夷郡等边境地区担任郡守。他们原先指挥的军队归由许皇后或者史氏家族（宣帝祖母的娘家）的年轻人领导。

被逼得走投无路的霍氏家族发动政变试图扭转局势。据说政变的计划是以皇太后的名义邀请丞相和许皇后的父亲赴宴，当场杀之，然后废宣帝，立霍禹。但是计划败露，宣帝诛杀霍氏家族。霍氏家族已经失去军队指挥权，要发动政变，极其困难。霍氏一族被诛杀，霍光的遗孀也被杀，枭首于市。

至此，宣帝“始亲万机，厉精为治，练群臣，核名实，而（魏）相总领众职，甚称上意”。

宣帝对底层社会十分熟悉，认为什么时候都会有流氓无赖、偷盗抢掠者。他喜欢游侠，经常巡游各地，所以见多识广。他从自己的体验中深切认识到，人民最希望得到的是良好的治安环境。正是由于这番经历，使这位民间出身的皇帝能够惜民爱民。在他执政时期，朝廷既注重实行法治，又兼施德教。他把当时的儒学作为德教的主要内容，利用德教加强对民众的思想教育。特别是，他继续坚持武帝“王霸道杂用”的治国方略，视这一政策为朝廷必须遵行的“汉家制度”。

宣帝继位伊始，就派遣使者持节诏令郡国 2000 石，“谨牧养民而风德化”。他还招选名儒讲授《春秋》《谷梁学》，增设经学博士，利用儒学，施行各种形式的“德教”。他把法治与德治相结合，以谋求一种相对安定的社会环境。

宣帝执政时期，为了防止农民受灾成为流民，遇有水旱灾害，朝廷往往诏令减免租税，禁止官吏在规定外擅兴徭役。宣帝曾两次宣布免除外流或回流农民的徭役，一次免除人口税，这可以称得上是西汉 20 余位皇帝中安抚流民最优惠的政策了。

由于宣帝实施了一系列的安抚政策，使百姓能在较为安定的社会环境中生活劳作，农业生产得到了较大发展。

为了让人民休养生息，就应该尽量避免军事行动，但真正需要的时候，宣帝也会毅然选择出兵。地节三年（前 67 年），车师国叛乱的时候就是这样。车师国位于现在新疆乌鲁木齐至吐鲁番一带，国都位于交河城。车师虽臣服汉朝，却与匈奴通婚，劝说匈奴阻断汉朝与乌孙之间的通道。汉朝不能抛弃送去皇族女子、与之结为友好关系的乌孙，于是命侍郎郑吉、校尉司马惠率绿洲沿途各国的部队攻降车师。

宣帝在位期间，北方边境长期安宁。当时由于天灾、饥荒，匈奴四分五裂，又加上各个部族之间的相互攻击，使匈奴更加无力袭扰中原。为形势所困，匈奴内部要求归降大汉的呼声日渐高涨。

甘露三年（前 51 年）正月初一，呼韩邪单于到长安觐见大汉皇帝，向汉朝皇帝称臣，这是具有划时代意义的事情。匈奴的内部已经恶化到呼韩邪单于不和汉朝修好就无法收拾的局面。

自刘邦建汉以来不断凌驾在汉朝身上的匈奴压力终于解除了，西域全部被划入汉朝的势力范围。于是汉朝设置西域都护，保证“丝绸之路”畅通无阻，从而使贸易日益繁荣起来。

宣帝按对待诸侯王以上的礼节隆重接待呼韩邪单于。皇帝派出车骑都尉韩昌专程迎接，在呼韩邪单于所经的 7 个郡有两千车骑迎候。朝廷的以礼相待，坚定了呼韩邪单于归降的决心。呼韩邪单于在长安住了 1 个月，因气候炎热，生活不能适应，便要求改住在光禄塞下。皇帝又派董忠、韩昌率 16000 骑兵，送单于出长城要塞。这次汉匈高层交往，缓和了汉与匈奴的关系。匈奴终究成了大汉藩属，完成了武帝倾全国之力用兵而未竟的功业。

宣帝在位期间，还命老将赵充国安辑西羌。赵充国在河西屯戍，名震一时。他释放了无罪被抓的羌人酋长，进入羌族居住区域后，又下令军队严守军纪，不得扰乱羌族部落，遂得羌人先零部归顺。后来赵充国屯田河西，等待羌族内部分化，最终争取到羌人大多数部落的归顺，从而安定了大汉边疆。

宣帝的功绩不仅得益于他本人的雄才大略，还与他善于用人有很大关系。由于宣帝任人唯贤，这一时期的人才之盛仅次于武帝时期，其中以宰相魏相、丙吉最为有名。

魏相以执法认真而闻名。他做过河南太守、扬州刺史，宣帝即位后任他为御史大夫，他建议及时削弱霍氏势力，改变权臣专横的局面，由此宣帝任他为丞相。

元康中，宣帝以匈奴衰弱为由，想乘机攻打。魏相不赞成，说现在不仅师出无名，而且边郡匮乏，不宜打仗。征发士兵，徭役繁重，必然会引起社会的不安，所以应该首先重视国家的安定与治理。宣帝采纳了他的建议，朝廷避免了一场劳民伤财的征战。

魏相还建议赈济灾荒、平冤狱、派遣官员巡视天下等，这些建议都为皇帝采纳，并在实践中取得了很好的效果。可以说宣帝的种种贤明举措，很大程度上是受了魏相的影响。

丙吉在魏相任丞相的时候官居御史大夫，魏相死后，他继任。丙吉注重戍守边境、农情时令等大事，为人宽仁而不拘小节，属下都乐为之用。

当时在宣帝身边的还有一批贤良官吏，如王成、黄霸、朱邑、龚遂、召信臣等人，皆一时人杰，他们“所居民富，所去见思”。

汉宣帝在位时期，一度风雨飘摇的大汉朝廷重新出现了兴盛局面。官吏各司其职，人民安居乐业，史书对此大为称赞，称昭帝与宣帝在位的这段时间为“昭宣中兴”。

三、元帝仁弱皇权旁落

宣帝死后，刘奭即位，是为汉元帝。他是第八位汉帝，在位16年。元帝多才多艺，精通历史、擅长音律，从小就对儒家思想感兴趣，也因此少了些大汉皇帝的霸者之风。宣帝曾告诫过他：“汉家自有制度，本以霸王道杂之，奈何纯任德教。”而他则不以为意，反而认为宣帝的政策过于严苛，用法太深，刑罚过严，劝说宣帝重用儒家人才，宣帝回答道：“且俗儒不达时宜”。俗儒教条主义，不能因地制宜，临机应变，所以不可重用。据说他还对儿子过分信奉儒家思想叹息道：“乱我家者，太子也！”但因为太子为许皇后所生，宣帝与许为患难夫妻，故而不忍废黜。

果然不出宣帝所料，从元帝开始，“汉家制度”即“王霸道杂用”就不再被执政者所推崇，转而趋向于专一信奉儒学。元帝即位之初，就征召名儒王吉、项禹等人进入朝堂，授以高官，项禹还被拜为谏大夫。元帝还一度重用以经术闻名的萧望之、刘向等人。于是大批名儒受到提拔，进入朝廷参政议事，韦玄成、匡衡、张禹、翟方进、孔光等人相继做了丞相。由于儒生掌权，朝廷政策明显宽延，如减刑宽政，不与民争利等。

儒学在武帝时代就已处于独尊地位，但真正深深扎根于政治还是元帝在位的这 16 年间。正如宣帝所叹息的那样，元帝过于理想主义，大批重用儒家出身的人，将儒学理念贯彻于政治中。

宫廷的费用被削减，但这并不是为了节约经费，而是认为古代圣王的宫廷不会如此奢侈而加以效仿。

修建在郡国的皇帝宗庙也被废除，因为这违背只有嫡系子孙才可以祭祀祖先的儒家理念。

因为要回归儒学精神，朝廷就按照儒学的农本思想，取消有利于商人的货币经济，恢复以物易物的交易进行过讨论，但这样做将导致国民经济的破产，所以没有实行。

元帝追求儒学理想，但现实情况是连年粮食歉收，饥荒严重。元帝的诏书中经常出现人民苦于饥荒的文字，但是他也只是表示遗憾，阐述大义，并没有采取任何切实妥当的措施。

西汉建国已久，政治腐败日甚一日。在这种形势下，执政者不但不加强朝廷对政局的控制，反而实行儒家的放任、宽弛政策，使得权贵、官吏和大土地主犹如脱缰之马，贪婪暴虐的本性变本加厉，对百姓压榨敲骨吸髓。虽然元帝本人有“温恭少欲”的美德，可他所推行的儒家教化政策不仅未能挽救危局，反而使国家日渐衰落。

宣帝在位期间，为了打击霍氏家族的势力，朝廷曾经借助过许氏和史氏的力量，而这两个家族都是外戚势力。许氏是许皇后的外家，许氏一家 3 人封侯；史氏是宣帝祖母史良娣的外家，家中两人封侯。他们的子弟许延寿、史高都官至大司马、车骑将军。后来这两家的势力日益膨胀，而朝廷对于他们的限制反倒不如从前。于是朝堂之上，逐渐形成了史、许两家大权在握的局面。

元帝时期，皇家势力逐渐衰弱，朝中各种势力相继而起，各派势力互相争斗，而其中以外戚和宦官之间的斗争最为激烈。和以前的帝王相比，汉元帝时期出现了一种新的政治倾向，那就是朋党开始成为君王防范的内容，成了臣子互相攻击的武器。汉元帝的师傅萧望之，曾经做过丞相，被班固评价为“近社稷臣”，最后也是栽在了这上面。

汉宣帝临终前，为汉元帝选了三位辅佐大臣：史高、萧望之和周堪。史高是外戚，已经被封为乐陵侯，这次被任命为领尚书事，排名第一；萧望之是太子太傅、前将军、光禄勋；周堪是太子少傅，为副领尚书事。

元帝继位之后，萧望之和周堪联合谏大夫刘更生与侍中金敞等人进谏，劝皇上行古道。这些主张得到了刚刚即位的汉元帝的采纳，年轻的皇帝经常召见这四个人共同商议天下大事。相比之下，史高只是徒有其名而被冷落，心中自然不痛快。

汉宣帝执政期间，萧望之多次向皇帝推荐后辈人才。当时一个叫郑朋的一心想加官晋爵，上书说：史高派遣自己的亲信到各地任职，从中渔利。同时揭发了外戚许家和史家子弟的罪过。周堪看过信之后，安排郑朋为金马门待诏。后来，郑朋又写信给萧望之，极尽谄媚之能事。当时，萧望之因在一篇奏折中对汉宣帝喜欢的大臣耿寿昌不敬，刚被宣帝罢免了御史大夫职务，心情不快，接见郑朋后，发现郑朋心术不正，举止不端，立即和郑朋断绝了交往。

此后，郑朋也没被周堪看上。郑朋虽然是皇帝待诏，但只是在外围，没有多少机会亲近汉元帝，于是他转而巴结史高。为此，郑朋编造谎言说，以前那些对史高的坏话是周堪和刘更生教他的，否则他作为在浙江生活的人怎么能够知道发生在都城西安的事情？还扬言说，当时萧望之还在场。

萧望之听说后，就去问同样被郑朋说过坏话、现在和郑朋狼狈为奸的弘恭、石显。弘恭和石显在汉宣帝时期就在中书机构做事，熟悉历史典故和朝廷法令，元帝时分别出任中书令和仆射。

石显有一个本事，就是他能够揣摩到皇上想做但不好说出来的事情，并帮皇上办妥。汉元帝本来身体不好，加上又认为弘恭、石显没有外党，因此对他们两人十分器重，朝中的事情基本上根据石显的奏报来决定，石显因此贵倾朝廷。但弘恭和石显这一伙与萧望之的关系并不好，而是和史高走得很近。看到这种情景，萧望之等人十分担心，并找机会向元帝奏报：中书是朝廷的重要机构。当年因为武帝经常在后庭游乐，才让宦官担任这个职位。现在应该改过来，让大臣担任，这样才符合“不近刑人”的古训。虽然汉元帝对于此事“议久不定”，但这样一来，弘恭和石显对萧望之他们就更加提防了。

借着郑朋这件事，弘恭、石显就勾结郑朋以及另外一个想投靠周堪而没被接纳的华龙，趁着萧望之不值班的时候到元帝面前告状，说萧望之等正在谋划罢免史高。皇帝就派弘恭去问萧望之。萧望之的回答是：外戚在位很多骄奢淫逸，我只是想改正过来以利国家，并没有其他意图。弘恭和石显却在汉元帝面前说：萧望之这样做是离间皇帝和亲戚的关系，应该处以“谒者召致廷尉”。

刚刚登基的汉元帝还以为“谒者召致廷尉”只是让廷尉去问话。等见到周堪和刘更生，知道其中的含义后，便赶紧让人把萧望之从监狱中放出来，官复原职。

将萧望之放出来不久，元帝下诏说：萧望之教了他八年，居功至伟，而且“国之将兴，尊师而重傅”，赐予他关内侯爵位，还准备让他出任丞相。但在这时，萧望之的儿子上书，要求调查萧望之进监狱的事情。元帝让御史大夫进行审理。在弘恭、石显二人的把持下，御史大夫上奏：萧望之教儿子上书，书中引用了“亡辜之诗”，有失大臣的风范，犯下了不敬之罪。弘恭、石显向来知道萧望之心高气傲，受不得侮辱，趁机继续向元帝进谗言，说萧望之当年辅政时，想排挤史高等人以便独专朝政，又有教子上书等不恰当的举措，应当关进监狱进行教育，否则难以体现朝廷赏罚分明的意志。

元帝知道萧望之为人刚毅，怎么忍受得了狱吏的折磨？石显等则表示：免除萧望之的死罪已经很宽大了，坐过牢之后萧望之肯定会改掉他原来的毛病。于是，汉元帝便同意了。

石显等拿到了“尚方宝剑”，立即派官兵去包围萧望之的家，不久，皇帝的使者来传唤萧望之。萧望之准备自杀。他的夫人阻止了，认为这肯定不是汉元帝的意思。萧望之征求门生石朱云的意见，朱云一向崇尚有节义之士，劝他的老师自杀。萧望之仰天长叹，说自己曾经是丞相的人选，现在年逾六十，如果真的要进监狱苟活，岂不是很可耻？于是，喝毒药而死。

消息传到宫中，元帝大惊，用手拍额道：我本来就担心他不肯进牢狱，现在果然害了我的好师傅。终元帝之世，他每年都会派人去萧望之的坟墓前祭祀。

萧望之事件暴露了汉元帝容易受骗而且优柔寡断的性格。如果说第一次“谒者召致廷尉”是无知而上当，那第二次将萧望之打入大牢时，他已经十分清楚这样做的后果，但最终还是听信了弘恭、石显的谗言。史书记载，萧望之死后，汉元帝虽然把弘恭、石显叫来，但并没有采取惩罚措施，二人最后只是“免冠谢”。

诸葛亮在《前出师表》中写道：“亲贤臣，远小人，此先汉之所以兴隆也；亲小人，远贤臣，此后汉之所以倾颓也。”其实，先汉就有“亲小人，远贤臣”的迹象，朝臣、外戚与宦官相勾结，终于借汉元帝之手杀掉正直大臣萧望之，朋党之祸在汉朝开始显现。后来汉献帝等周围十常侍作乱，其实从这里就可以找到伏笔。

萧望之自杀后，周堪、刘更生被罢免，不得再起用。后来的太中大夫张猛、魏郡太守京房、御史中丞陈咸、待诏贾捐之（贾谊的孙子）在上书奏事或在皇上召见的时候，怒斥石显祸国殃民。石显知道后罗织各种罪名，治这几个大臣的罪，以致京房、贾捐之弃市，张猛自杀于公车，陈咸贬为城旦。苏建得到石显的私人信件，里面记录着石显不可告人之事，就上奏给汉元帝，后来被石显以其他借口处死。而那些和石显结为党友的中书仆射牢梁、少府五鹿等依附者，先后获得了尊宠的地位，以至有民谣唱道：“牢邪石邪，五鹿客邪！印何累累，绶若若邪！”牢指的是牢梁，石自然说的是石显，五鹿指的是少府，印、绶两句说的是他们显赫的官位和爵位。

汉元帝生前，其实就已知道自己统治之下的西汉王朝是个乱世。京房借一次与汉元帝共同吃饭的机会，和汉元帝做了一次深入的交谈。京房问元帝：周幽王、周厉王为什么会面临危机？为什么会任用佞臣？元帝回答说：皇上不明，所以才会这样。京房又问：知道一个人是佞臣还任用他，臣子应该怎样看待这个皇上？回答：应当继续辅佐，让他成为一个贤君。京房又问：怎么能够知道皇上是不是贤明？元帝倒是很痛快：现在时局很乱，所以就知道我不是贤君。

在如今已是乱世这个大前提确定之后，京房说：古往今来，凡是任用佞臣，天下就会乱；凡是任用贤良，天下就会大治。从春秋到现在的历史都证明了这点。但元帝即便承认现在是乱世，也并不认为是自己的过错，他认为，临乱之君，也会任用贤良，假如大臣们都很明白，天下怎么会有危亡之君？

京房对此进行了反驳，就是齐桓公这样的明君，也会任用竖刁这样的佞臣，因此导致政治日乱。后世的周幽王、周厉王为何没有汲取他们的经验？元帝说：只有有道之君才会明白其中的道理。京房肯定了元帝的说法：后世看我们，和我们现在看周幽王等一样，因此皇上应该警醒。

元帝想了很长时间之后，问：现在制造乱世的人是谁？京房回答说：皇上应该知道。元帝说：不知道呀！要是知道，我怎么会用他呢？京房接着说：就是皇上最信任的那个人，是皇上和他一起在帏帐中商量事情、能够决定天下人进退的那个人。京房说的自然是石显。元帝也说：朕已经知道说的是谁。但等京房退出之后，元帝始终没有下定决心罢免石显。

汉元帝在位 16 年，于 44 岁时病逝。西汉王朝两百多年的历史中，汉元帝刘奭是一个转折性人物。自他之后，汉朝彻底由盛而衰。

第二节　成哀危机　汉运已尽

一、成帝哀帝　昏庸至极

元帝去世后，刘骜即位，就是汉成帝。刘骜这个名字是汉宣帝给起的，意思是希望他成为刘汉王朝的千里马，经常让刘骜在身边陪伴，十分宠爱。

刘骜 3 岁的时候，宣帝去世。他的父亲刘奭登基后称汉元帝，刘骜则被立为太子。刘骜长大之后喜欢经书,《汉书》上评价他“宽博谨慎”。

随着年龄的增长，刘骜喜欢上了喝酒和宴乐。这让元帝很不满意，觉得他没有治理国家的能力。

汉元帝晚年不亲政事，痴迷音乐。有一种很难的演奏方法，除了元帝以外，后宫没有人会。但定陶共王却能够演奏，于是元帝多次称赞定陶共王有才能。当时定陶共王的母亲傅昭仪正得宠，一时间，很多人都觉得刘骜的太子之位有危险。

宣帝外戚史丹，早年是元帝的参乘，也就是经常能够和皇帝一起坐车出门的亲密大臣，被元帝安排去照顾太子刘骜。史丹对汉元帝说：所谓的才能应该是敏而好学，温故知新，就像皇太子刘骜。假如像击打乐器也算是才能的话，那陈惠、李微的才能都超过现在的丞相匡衡，可以做相国了。元帝听完一笑，没有表态。

不久，元帝最小的弟弟中山哀王死了，刘骜前往吊唁。哀王从小和太子刘骜一起上学、玩耍，两人感情很好。而太子来到哀王遗体前竟然不哭，元帝十分生气，说：为人不仁慈，将来怎么能够当皇帝，做天下百姓的父母？并因此责怪史丹教育无方。史丹解释说：小臣看见皇上已经很伤心了，就偷偷嘱咐太子千万别哭，免得让皇上过分悲伤。元帝觉得他的意见有道理，才慢慢消气。

竟宁元年（前 33 年），元帝病重，傅昭仪及定陶共王常在左右，而皇后、太子很少有机会进见。元帝病情加重后，情绪很不稳定，几次问尚书有关景帝当年不立太子而立胶东王的典故。当时，皇后、太子和太子的舅舅阳平侯王凤都十分担心，但又不知道该怎么办才好。而史丹作为亲密臣子，却可以经常去侍候元帝，他见元帝单独一人在屋的机会，便跪在元帝面前哭着说：皇太子以嫡长被立为太子十多年，天下尽人皆知，大臣们也很信服。现在看到定陶共王受宠，外面纷纷谣传说太子可能被废，如果真的是这样的话，百官公卿肯定不会答应，而我愿意被皇上先赐死给群臣看。元帝生性仁慈，本来就不忍心看到史丹这么哭，又听他言辞恳切，深受感动，长叹一声说："我的身体越来越差，但太子和其他两位王子还小，让我怎么能够不担心呢？我还没有换太子的意思。皇后为人谨慎，先帝（也就是宣帝）又十分喜欢太子，我怎么敢违背他的意思？驸马都尉，你这是从哪里听到的话？"

就这样，刘骜的太子地位终于保住了。

成帝即位后，尊元帝的母亲为太皇太后，尊自己的母亲王皇后为皇太后，任命舅舅王凤为大司马大将军，领尚书事。祖母、母亲都出自王家，王凤又是重臣，外戚王氏已经逐渐把持朝中大权。

河平二年（前 27 年），成帝在同一天封五位舅舅为侯：王谭为平阿侯，王商为成都侯，王立为红阳侯，王根为曲阳侯，王逢时为高平侯。五人同日封，当时被称为"五侯"。太后同父的弟兄，除了王曼早死之外，其他全部封侯；王氏子弟全是卿、大夫、侍中、诸曹，势力布满朝廷。

大将军王凤把持朝政，成帝因此大权旁落。

外戚不仅左右着官员的任命，甚至控制着皇帝的家事。成帝和定陶共王投缘，共王来朝的时候，成帝留他在京城陪伴；在成帝病重期间共王亲自侍奉成帝。但王凤不喜欢共王留在京城，于是就借日食让共王回了他的封国。成帝没有办法，只好同意。临走的时候，共王和成帝相对而泣，场面凄悲。成帝多年没有孩子，王凤说自己小妾的妹妹适合生孩子，便将她送到后宫，竟然不管这个女子已经许配给了别人。

在母亲以及王谭、王商等人的不断催促和推荐下，成帝还下诏追封早死的王曼为新都哀侯，王曼的儿子王莽嗣爵为新都侯，后来又封母亲姐姐的儿子淳于长为定陵侯。这样一来，王氏亲属一共有十人被封侯。

王氏专权，引起了朝臣的忧虑。京兆尹王章借谈灾异之机，多次觐见成帝，建议罢退王凤，收回王氏之权。王凤得知后，以辞职相要挟。在母后王政君的逼迫下，成帝只好罗织罪名，将王章下狱迫害致死。经过这一回合的较量，“公卿见凤，侧目而视。郡国守相刺史皆出其门”。王凤死后，其兄弟子侄轮流执政，横行无忌，气焰熏天。

成帝在位二十多年，一直没有孩子，而定陶共王死后，他的儿子继位为王，最后还是通过重金贿赂王根等人定陶王才被立为太子，这就是后来的汉哀帝。

在《汉书·成帝本纪》中，班彪在篇末是这样评论的：“建始以来，王氏始执国命，哀、平短祚，莽遂篡位，盖其威福所由来者渐矣！”

汉哀帝刘欣是元帝庶出的孙子、汉成帝的侄子、定陶共王的儿子。刘欣3岁的时候父亲去世，他继承王位当上定陶共王，由祖母傅太后抚养成人。长大之后，刘欣喜欢文辞法律。汉成帝元延四年（前9年），刘欣入朝拜见成帝，定陶国中的傅、相、中尉都跟着来到长安。当时成帝最小的弟弟中山孝王刘兴也来朝，但只带自己的师傅前来。成帝因此觉得奇怪，就问刘欣。刘欣回答：按照法令，诸侯王来朝见皇帝，可以带国中俸禄达到二千石的官员。傅、相、中尉都是定陶国的二千石官员，因此将他们全部带来。刘欣遵守法令，由此可见一斑。成帝让刘欣诵读《诗经》，刘欣都会而且能够解释明白。

过了几天，成帝又问刘兴：你只带师傅前来朝见，是根据哪一条法令？刘兴回答不出来。让他诵读《尚书》，连基本的断句也不会。后来成帝和刘兴一起吃饭，成帝吃完离开桌子，发现刘兴的鞋带是散开的。几件事情综合下来，成帝就觉得刘兴不行，而定陶王刘欣有才能，因此多次夸奖刘欣。

当时，刘欣的祖母傅太后跟着刘欣来朝。傅太后私下里用重金贿赂成帝所宠幸的赵合德、赵飞燕和成帝的舅舅骠骑将军曲阳侯王根。王根和赵氏姐妹在成帝面前大说刘欣的好话，劝成帝立刘欣为太子。成帝本来就很欣赏刘欣的才能，于是在刘欣18岁那年，立他为皇太子。汉成帝绥和二年（前7年）三月，成帝崩。四月丙午，太子刘欣即皇帝位，这就是汉哀帝。

哀帝即位后，收回了被王氏长期把持的大权。可是他同样受制于自己的祖母傅氏和母亲丁氏之党。傅、丁二氏挟制哀帝，使其家族取代了王家的尊贵地位。他们尽力扩展权势，作威作福。经过一番争论，傅、丁二氏甩掉了藩妾身份，并取得了皇后的尊号，家中子弟接踵盘踞要津。傅家封侯的6人，大司马2人，九卿二千石6人。丁家2人封侯，1人任大司马，6人任将军九卿二千石。他们两家中任侍中诸曹的数十人。对于他们的骄奢跋扈，也有一些朝臣进行了斗争，老臣师丹因此被罢官夺爵。在外戚集团中，傅太后从弟傅喜可以说是出淤泥而不染的佼佼者。他恭俭礼让，拥有很高声望。对于家族的暴行，他深感忧虑。对傅太后揽权、干政、扩大家族势力的举动，他常进行一些劝谏和抗争，由此得罪太后，被免去官职。

除外戚乱政外，哀帝本人的过失也加剧了动乱。成帝、哀帝都以好色荒淫闻名。成帝广选后妃，宠幸赵飞燕姐妹，扰乱朝政。哀帝更是有过之而无不及。不过，哀帝喜好的是男色，宠幸嬖臣董贤，对其赏赐无数，还让他当上大司马卫将军，执掌朝政，甚至表示要将皇位传给他。丞相王嘉上疏劝谏，希望哀帝不要因私宠而败坏制度。哀帝假托太后遗诏，要加封董贤二千户。王嘉又封还了这封诏书，并再次规劝哀帝。哀帝大发雷霆，把王嘉打入大牢。王嘉不肯按惯例自裁，在狱中不食，呕血而死。

宦官、外戚专权以及外戚间的权力之争，再加上哀帝本人的昏庸，朝廷陷于动荡不安之中，面对严重的社会危机，掌权的宦官、外戚多谋私利而置国家安危于不顾，更进一步加剧已经尖锐的阶级和社会矛盾。面对西汉晚期严重的社会危机，哀帝采取自欺欺人的措施：采纳阴阳灾异论者的主张，企图用“再受命”的办法，来消除当时的社会、阶级矛盾，自己改称“陈圣刘太平皇帝”，改元“太初元将”。这些乖谬而无济于事的举措，反而显现出统治者的绝望心情。此时，蓄积实力与威望已久的王莽，开始了其改制、称帝、建新朝的历史。

二、权臣篡汉　王莽建新

汉成帝即位后，尊母亲王政君为皇太后。王莽的伯父王凤被封为大司马、大将军、领尚书事，执掌朝廷大权。河平二年（前27年），王莽的五位叔伯在同一天被封为侯。王家先后有九人封侯，五人担任大司马，是西汉一代中最显贵的家族。在王氏家族中王莽的命运却十分不幸，他的父亲早死，没有轮到封侯，他的哥哥也死了，留下了孤儿寡母。王氏众侯的公子，个个骄奢淫逸，只知讲究车马声伎。唯独王莽谦恭俭朴，勤学博览，交结贤俊，在向沛郡学者陈参学《礼经》时非常勤奋，生活俭朴，与普通儒生没有什么不同。他对寡母，对诸伯叔，对寡嫂孤侄，无不处处尽道，为人所不能为。王凤重病，他在跟前侍候，亲自尝药，蓬头垢面，衣不解带，一连好几个月。王凤临死，特别把他托付给太后和成帝，其他诸伯叔也无不爱重他。他不久后便被升擢到侍中（宿卫近臣），并封新都侯。他爵位愈尊，待人愈恭谨。散资财车马衣裘，以赠送宾客，赡养名士，又广交名公巨卿。于是在朝的推荐他，在野的颂赞他，他俨然为一时人望所寄了。

正当王莽声誉日隆时，成帝死，哀帝继位。王政君虽然升级为太皇太后，王氏的权势却暂时为哀帝的祖母家傅氏和母亲丁氏所压制。所以王太后命令王莽"就第"（回家，即辞职），给新的外戚让路，王莽立即上疏"乞骸骨"（年老或有病，请求辞职以保全性命）。刚登位的哀帝不允，派丞相孔光、大司空何武、左将军师丹、卫尉傅喜报告太后：大司马如果不到职，皇帝就不敢听政。太后顺水推舟，令王莽复职。事后看来，这不过是哀帝做出的一个小小姿态。果然，高昌侯董宏上书，援用《春秋》"母以子贵"的理论，认为哀帝的生母丁姬应该上尊号。但他举了秦庄襄王生母和养母都称太后的例子，被王莽和师丹抓住把柄，联合控告他"称引亡秦以为比喻，诖误圣朝"，"大不道"。哀帝羽毛未丰，为表示谦让，将董宏免为庶人。哀帝的祖母定陶共王傅太后大怒，并逼着哀帝给她上尊号。正好未央宫有宴会，典礼官在太皇太后的位置旁为傅太后挂起了帷帐。王莽检查时发现，指责典礼官：“定陶太后是藩王的妾，怎么可以与至尊一样待遇？”下令撤掉，重新安排座位。傅太后一气之下，没有赴宴，恨透了王莽。王莽知道形势不利，再次“乞骸骨”，在祖母和母亲的压力下，哀帝恩准，赐他黄金 500 斤和安车（老人乘的卧车）驷马，让他罢官“就第”。但公卿大臣纷纷上书，盛赞王莽对国家的贡献，哀帝只得又扩大他的封邑，给予最高礼遇。

不出王莽所料，一年多后傅太后被尊为皇太太后，与太皇太后和皇太后（成帝赵皇后）的地位相同，丁、傅两家能封侯的都封了，能当官的都当了，新的外戚集团形成。王家却受到沉重打击，曲阳侯王根被遣就国；成都侯王况被免为庶人，遣送回乡；历年来由王家荐举的官员统统革职。御史大夫又追究王莽阻止给傅、丁太后上尊号，“亏损孝道”的严重罪行，认为应该处死刑，幸而得到赦免，也不应再享受封地，要求将他免为庶人。总算哀帝看在太皇太后的分上，没有免他的侯，仅遣就国。

王莽完全明白自己面临的危险，所以回到新都侯国（今河南唐河县西南）后，闭门韬晦了三年。吏民上书替他讼冤的有一百多次。后来应举到朝廷考试的士人又在试策里大大颂赞王莽的功德。元寿元年（前 2 年）发生日食，这被看成上天对皇帝的警告，贤良周护和宋崇等人在答复哀帝的询问时极力颂扬王莽的功德，为他受到的错误处置伸冤，哀帝以侍奉太皇太后的名义征召王莽回京。他还京年余，哀帝死，此时傅、丁太后已死，哀帝又没有儿子，大权又回到太皇太后手中，这时她 72 岁了。王莽于哀帝死后不几日，以全朝几乎一致的推举，和太皇太后的诏令，复大司马职。是年九月，他才选了一个年方 9 岁的中山王做继任的皇帝，也就是汉平帝刘衎。汉平帝原名箕子，皇帝自然不能用这个名字，王莽就给刘箕子改名为刘衎。平帝即位后，太皇太后重新成为太后，临朝称制，让王莽执政。王莽向太后报告，成帝赵皇后曾杀害皇子，傅氏骄横不守制度。太后下令废赵后和哀帝傅皇后（傅太后堂侄女），勒令自杀。傅、丁太后被追贬尊号，称定陶共王母和丁姬。

王莽很快收罗、组织起一个得心应手的班底：王舜、王邑为心腹谋士，甄丰、甄邯负责决策，平晏掌管机密，刘歆撰写文告制造舆论，孙建当“爪牙”（上通下达兼打杂），甄丰之子甄寻、刘歆之子刘棻、涿郡崔发、南阳陈崇等也因有各种本领而受到王莽的任用。从此，王莽实行他的计划时更加得心应手：他表现得非常正直。说得冠冕堂皇，而把自己的意思暗示给党羽，由他们提出要求或着手进行，然后王莽叩头流涕，坚决推让，对上可迷惑太后，对下可向百姓显示他的诚意。

在这一时期，王莽处处以周公为榜样，朝野也以周公看待他。传说周公辅政时，有南方远夷越裳氏来献白雉，为周公功德及远的表征。于是，在有关方面的启发下，益州塞外（今云南或缅甸）的少数民族献来一头白雉，此事引起了朝野轰动，王莽刚开始执政就出现了这样的奇迹，其意义不言自明。平帝元始元年（1年）正月，根据王莽的建议，太后下诏，将白雉作为宗庙的供品。大臣们向太后提出，王莽“定策安宗庙”的功绩与霍光一样，应该享受与霍光相等的封赏。72岁的太后倒不糊涂，她问公卿们：真是大司马有这么大的功劳，还是因为他是我的亲戚才特别抬高他？群臣纷纷赞颂王莽的功德与周公没有什么不同，这才有了白雉这样的祥瑞。他有“定国安汉家”的大功，应该封为安汉公，扩大封邑，“上应古制，下准行事（惯例），以顺人心”。

平帝元始三年（3年），王莽提出，皇帝即位已三年，应该吸取前几位皇帝没有儿子的教训，及时选立皇后。有关部门上报的一份候选名单中，王家女子有好几位，王莽怕她们与自己的女儿争夺，就报告太后说：我没有德行，女儿才能低，不适合与其他女子一样列为候选人。太后以为王莽诚心诚意，就下诏：“王氏女子是我外家，不要挑选。”消息传出，庶民、学生、基层官吏到宫门前上书的每天超过1000人，公卿大夫有的守在殿上，有的伏在门外，一致请求，让王莽的女儿当“天下母”。王莽派下属分别劝阻公卿和学生，但上书的人越来越多，太后不得已，只得同意公卿选王莽的女儿。

元始四年（4年）四月，王莽的女儿被正式立为皇后。为了了解各地民情，王莽派陈直等 8 人分路采访。太保王舜等上书，鉴于王莽兼有伊尹和周公的作用，应该将两人称号“阿衡”和“太宰”合起来的“宰衡”，作为王莽的称号。八千多百姓上书赞同。于是确定王莽称宰衡，封他母亲为功显君，两个儿子为列侯，皇后聘礼再增加 3700 万，满 1 万。王莽少不了又是叩头流涕，推辞一番，称病不出。太后也没有办法，最后由孔光等提议，将王莽的封邑、称号、母亲功显君的爵位都规定为不世袭，再专门派大司徒、大司空代表太后传达让王莽立即到职的诏书，规定尚书不接受王莽的辞让奏章。王莽这才接受，但还是从补发的钱中拿出 1000 万，分赠太后身边的侍从。据太保王舜等报告，蜀郡民路建等本来在打民事官司，听说王莽如此辞让爵位、金钱，自觉惭愧，主动撤销了诉讼。周文王的德化，曾令虞、芮两国自动放弃了土地争夺，路建等人的事迹说明，王莽的德行已超过了周文王，朝廷下令将这一典型在全国宣传。

为了复兴儒家传统典章，王莽奏请建立明堂、辟雍、灵台等礼仪建筑和市（市场）、常满仓（国家仓库），为学者建造一万套住宅，网罗天下学者和有特殊本领的几千人至长安。学生与百姓的积极性很高，纷纷投入义务劳动，10 万人突击，20 天就全部建成。元始五年（5 年）正月，诸侯王、列侯、宗室子弟上千人在新建的明堂举行了祭祀大典。王莽执政不到 5 年就取得了如此巨大的成就，公卿大夫、博士、列侯共 902 人联名上书，请求给王莽“加九锡”，即采用与天子相似的仪仗，享受仅次于皇帝而高于任何诸侯的待遇。当年秋，8 位风俗使者回到长安，带回各地歌颂王莽的民歌 3 万字。王莽奏请进一步制定条例，以便做到“市无二贾（市场上不讨价还价）、官无狱讼（衙门里没有打官司的）、邑无盗贼（城里没有盗贼）、野无饥民（农村中没有饥民）、道不拾遗、男女异路（男人女人分别走在路的两边）、犯者象刑（违犯了的人画像示众，不必真的用刑）”，似乎上古的太平盛世就在眼前了。

由于王莽权势过重，平帝的不满情绪日增。元始五年（5 年），王莽等大臣们为平帝贺寿，席间王莽向平帝进了一杯毒酒，将平帝毒死。当时元帝已经绝后，宣帝的曾孙辈还有 5 位诸侯王、48 位列侯，王莽嫌他们都已成年，就提出：兄弟不能相互继承。特意挑选了宣帝玄孙中年仅两岁的刘婴，对外宣称占卜之后刘婴最适合继承皇位。武功县令孟通在井中挖得一块白石，上面写着“告安汉公莽为皇帝”几个红色的字。大臣们让太后下诏，根据上天的符命，“为皇帝”就是“摄行皇帝之事”（代理皇帝的工作），这样王莽当了“摄皇帝”，第二年改元居摄，刘婴立为皇太子，称“孺子”。

王莽要当皇帝的企图已经很明显，以刘氏宗室为主的反对势力开始发动反抗。首先发难的是安众侯刘崇与他的相张绍，但他们只聚起了百余人进攻宛城（今河南南阳宛城区），连门也没有攻入就失败了。第二年九月，东郡（今河南濮阳县西南）太守翟义起兵，立严乡侯刘信为天子，通告各地，到达山阳（今山东西南一带）时已有十余万人。长安以西 23 个县的“盗贼”赵明等也起来造反，聚集了十余万人。王莽十分恐惧，日夜抱着孺子在宗庙祷告，又模仿《大诰》写了一篇文章，说明自己摄位是临时的，将来一定要将皇位归还孺子。王莽调动大军镇压，在圉县（今河南杞县西南）攻灭翟义的部队，翟义逃亡中被捕杀。赵明等本来就是一群乌合之众，次年初不到一个月就平息了。

待王莽扫清了这些障碍，各种符命祥瑞纷至沓来。宗室广饶侯刘京上书称：齐郡一位亭长一个晚上做了几次梦，有人告诉他：我是天公的使者，天公让我告诉你：“摄皇帝当为真。”如果不信，你可以看到亭里会新出现一口井。亭长早上起来果然见有一口新井，深百尺。巴郡发现一头石牛，扶风郡雍县发现一块有字的石头，就送到未央宫前殿展览。王莽和王舜等一起去看，霎时间刮起大风，一片昏暗，等风定时在石头前出现了一个铜符和一幅帛图，写着“天告帝符，献者封侯。承天命，用神令”的字样。在长安求学的梓潼（今四川梓潼县）人哀章干脆做了个铜匮，外面贴上两张标志“天帝行玺金匮图”“赤帝行玺（刘）邦传予黄帝金策书”。在匮里放着的纸上写王莽是真天子，皇太后要遵天命，将王莽的 8 位大臣和他胡编的王兴、王盛及自己的姓名共 11 人写上，每人还写上官职。黄昏时分，哀章穿黄衣，捧着匮子去高祖庙，将它交给值班的仆射。得到报告后，王莽立即去高庙将金匮迎到未央宫前殿，演完了登上帝位的最后一场戏。接着又根据金匮的指示封官，哀章被封为国将、美新公，成为级别最高的大臣“四辅”之一。王盛、王兴谁也不认识，公开招寻后各有十几人来报到。于是根据问卜的结果挑了两位相貌符合的，一位王兴是前城门管理员，封为卫将军、奉新公；一位是卖饼的王盛，封为前将军、崇新公，位居“四将”。

刘婴当皇帝不到三年，王莽称帝，建立新朝，西汉王朝至此结束。从阳朔三年步入仕途，至当上新朝的皇帝，王莽花了 31 年时间。应该承认，王莽取得了成功。需要指出的是：我们目前能看到的史料，包括《汉书·王莽传》在内，都是在汉朝恢复后的官方史料，在这些史料中，王莽完全是作为一个反面人物出现的。但是，即使在这样的史料中，除了上面提到的武力反抗外，在这 31 年间都没有什么反对王莽的具体事实，只是在王莽设置西海郡并人为制造“以千万数”的罪犯迁往那里时，才说“民始怨矣”。此事发生在元始五年，也就是说前面 27 年王莽没有遇到来自民间的阻力，至此也是刚开始出现不满。

且不说旧时代站在正统立场对王莽的批评，就是近年来的论著大多也将王莽作为以虚伪手段篡夺政权的典型，这是不公正的。根据分析西汉末年的条件，就不难发现，王莽的成功不是偶然的。

宣帝的晚年，已开始重用宦官和外戚。

在元帝后的数十年间，特别是从成帝开始，外戚轮流执政，忠正能干的大臣被杀害或排斥，留下的不是谄媚奉承，就是明哲保身，朝廷政治腐败。皇室滥加封赏，外戚宠臣穷奢极欲，贪得无厌，如董贤在短短几年里，积聚的家产竟有 43 万万。

朝廷如此，地方上更加黑暗。地方官只要能结交上外戚、宠臣，就能肆无忌惮，对百姓搜刮盘剥。成帝、哀帝时，流亡的百姓以百万计，在发生灾害的年份，流离失所，死于沟壑的百姓更不计其数。王莽在一道诏书中曾描述了西汉后期严重的社会矛盾："兼吞起，贪鄙生，强者规田以千数，弱者曾无立锥之地。又置奴婢之市，与牛马同栏，制于民臣，颛断其命。""常有更赋，罢癃咸出，而豪民侵陵，分田劫假。厥名三十税一，实什税五也。父子夫妇终年耕芸（耘），所得不足以自存。"强烈的贫富差距，奴婢与牛马一起供买卖，实际的剥削量已达收成的一半，全家辛劳终年却连自己都养不活，这样的社会怎么能长久存在呢？

从高层官员到百姓贫民，对现实已普遍不满，对前途也已丧失信心，无不希望出现某种积极的变革，但却一直不见其人，以至无所寄托。在这种情况下，王莽的出现当然会给大家带来希望，也最终导致了西汉王朝的灭亡。

第四章

人心思汉

——刘秀建立东汉基业

王莽改制，不仅没有解决既有社会问题，反而进一步加剧了社会危机。在反对王莽新朝的过程中，汉宗室刘秀脱颖而出，击败并消灭各地割据势力，重建汉之基业，建武十二年（36 年），刘秀统一全国后，采取种种措施，进一步加强专制主义政治体制，巩固皇权。光武帝劝退功臣，起用文人儒生治国，贬抑外戚势力，防范外戚专权；改革政治机构，加强朝廷的权力，任命贤吏统治地方，缓和了社会矛盾；推行“与民休息”的政策，被战争破坏的社会生产恢复并发展起来，出现了天下大治的好局面，史称“光武中兴”。

第一节 中兴明主 允冠百王

一、王莽败亡 刘秀称帝

所谓“天下同苦新室，思刘氏久矣”“王莽篡弑，残虐天下，百姓思汉，故豪杰并起”，是史书用来形容一个王朝崩溃时的套话。如果把“新”换为“秦”，“王莽”换为“秦二世”的话，也无不可。所谓“昔秦失其守，豪杰并起”就是将当时比作秦末的一种表述。

最终导致王莽新政权崩溃的导火索是内乱的发生。周边各族发生反叛，与此联动着出现了边境地区人民的不满。北边边境为了准备对外战争，从内地向黄河北端的五原郡北假地区征发人口开垦屯田，让他们提供军粮。并州、平州的民众为了躲避征发，纷纷逃亡。天凤元年（14 年），边境发生连续不断的大饥荒。翌年，粮食价格飞涨，威胁着边境 20 万驻军的生活。五原、代郡出现了数千人规模的盗贼集团。边境内外如此不安定的形势影响到了内地，天凤四年（17 年），临淮的瓜田仪、琅邪的吕母、新市的王匡、王凤等人举兵反叛。王莽对其实施了镇压，向天下发出紧急治安命令。敦煌汉简中有天凤四年的册书，上面说："命令（没有明记内容，年代为估算）下达至地方县、道官（边境少数民族地方的县）、国、邑十天之后尚未执行者论处。"

天凤四年（17 年），荆州一带发生饥荒，新市（今湖北荆山）人王匡、王凤兄弟聚集饥民起义，数日之间队伍发展到七八千人，他们的根据地在绿林山（今湖北大洪山），所以叫"绿林军"。地皇四年（23 年）正月，绿林军攻占南阳郡治宛城，队伍发展到 10 万人。二月，绿林军立汉宗室刘玄为帝，号更始。

天凤五年（18 年），琅邪（今山东诸城）人樊崇在莒县发动起义。他们以泰山为根据地，转战黄河南北。起义军为了同官军相区别，每人都用赤色涂眉，因此叫"赤眉军"。赤眉军最初只有百余人，但由于山东一带的饥民不断聚集，一年之间扩大至上万人。起义军在成昌（今山东东平）与王莽军展开激战，结果官军大败。之后，起义军乘胜向西发展，人数达到数十万。

与绿林、赤眉起义同时，北方各地农民也纷纷举起义旗，其中最著名的有铜马、高湖、重连等义军。

在南方的绿林军迅猛发展之时，南阳的汉朝宗室刘縯、刘秀兄弟在舂陵(今湖北枣阳)起兵，不久也加入绿林军。王莽派王邑、王寻率大军40万把起义军八九千人包围在昆阳(今河南叶县境)。此时，刘秀表现出非凡的智略，率3000名救兵在城外与城内义军夹击王邑，大败王莽军，王邑最后带数千残兵逃回洛阳。经过昆阳之战，王莽军主力被消灭殆尽，从此再也无力抵抗起义军的进攻了。

地皇四年(23年)十月初，农民起义军终于攻入长安城内。长安商人杜吴杀死王莽，王莽的尸体被众军士砍作几十段。王莽38岁做司马，51岁摄政，54岁称帝，68岁被杀，至此悲惨地结束了自己的一生，他用篡夺手段所建立起来的新朝也随之寿终正寝，成为历史上的短命王朝之一。

当西入武关的绿林军攻陷长安之际，刘玄的北伐军也攻陷了洛阳。于是刘玄的政府由宛县北迁洛阳。不久，申屠建、李松等从长安传送乘舆、服御、从官，奉迁迎都，刘玄遂入长安。当时，长安只有未央宫被焚，其余宫馆一无损坏，仍有宫女数千人，钟鼓、帷帐、舆辇、器服、太仓、武库、官府、市里等一切完好无损。刘玄入宫后做了一个现成的皇帝。刘玄由洛阳迁都到长安后，立即大封功臣、宗室，新市、平林诸将领乃至下级军官、起义的商人、地主等，甚至厨师等人也身着锦绣，所以长安有民谣说：“灶下养，中郎将。烂羊胃，骑都尉。烂羊头，关内侯。”

因为长安没有经过很大的破坏，繁荣与奢侈的环境很快使刘玄集团腐化起来。刘玄日夜与妇人饮宴，群臣有事上奏，经常醉不能见，有时不得已，便在帷幄内接见，结果使天下大失所望。

这时，赤眉军正散布于汝南、颍川、陈留一带，饥饿无以为食。刘玄攻陷洛阳时，樊崇等曾亲自到洛阳谒见刘玄，要求他拨粮救济，但是刘玄未予答复。于是樊崇由洛阳回到颍川，将赤眉分为两部，开始讨伐刘玄，一部由自己和逄安率领，另一部由徐宣、谢禄、杨音率领。更始三年（25 年），两路军马于弘农（河南灵宝）会师，接连打败刘玄军队，队伍迅速扩大到 30 万人。当大军进至华阳时，有士人方阳因为怨恨刘玄杀了他的兄长，向樊崇建议：更始荒乱，政令不行，所以使将军得至此地。现在将军拥众甚多，西向帝都，竟无一定名号，反使人呼为盗贼，如何可以长久？不如立一个宗室，仗义讨罪，那就名正言顺，不敢有人反抗了。樊崇表示赞同。

樊崇部下有一个巫人，曾自称有景王魂附体。景王，乃汉高祖刘邦之孙，曾参与平定吕氏，由朱虚侯晋封为城阳王，死后谥号为景。这个巫人虽然借此惑众，但却为樊崇所信。这时樊崇正想求得景王后裔，巫人便乘机怂恿，樊崇就决定探访景王后人，竟有七十多人。诸侯王刘氏子弟封县，为列侯。高祖以来已经过了两百年，在地方上的刘氏子孙要多少有多少。樊崇于是在城北筑起坛场，设立景王神主，将书札放于箧中，札中只有一份写着

"上将军"名号，其余都是空札，这实际就是抓阄。结果，有字的被刘盆子摸得。樊崇于是扶刘盆子南向，率众朝拜称臣。刘盆子年仅 15 岁，披散着头发光着脚，穿着破衣，满面污垢，忽见众将下拜，不禁非常害怕，几乎啼哭，樊崇连忙劝慰说：不必惊恐，把符藏好！刘盆子仍然不理解，竟然将书符咬破扔于坛下。樊崇为刘盆子备置绛衣赤帻、轩车大马，让他服御乘坐。樊崇本想自为丞相，因为没有文化，不能书算，就将丞相之衔让给徐宣，自任御史大夫，任逄安为左大司马，谢禄为右大司马，其他如杨音以下，都做列卿，或称将军。

樊崇拥立刘盆子、封官加爵后，又率众西进，直达高陵。张卬、王匡等投降，引领樊崇攻入长安。刘玄听说赤眉来攻，急忙派将军李松领兵迎敌，自己则闭城拒守，结果，李松战败被擒。刘玄仓皇失措，忙召大臣商议对策，大臣竟不知去向。刘玄无奈，只能独自出宫而逃。

虽然樊崇入长安，但没能俘得刘玄，终是放心不下，于是颁令远近，说是如刘玄来降，当封为长沙王，如果过二十日，虽然投降也不接受。后来，刘玄终于被樊崇绞死。

昆阳大战以后，刘秀的威名大震。他的哥哥刘縯占领宛城以后，把政府迁到宛城，置于自己的控制下，大有杀刘玄而自立的态势。于是新市、平林诸将便和刘玄计议，杀了刘縯。这时，刘秀正在父城前线作战，当他听说兄长被杀之后，痛哭一场，悲愤不已，但却当即起身去宛城。见到刘玄，并不多言，只是一再引过谢罪。僚属们向他迎吊，刘秀也只是依礼答拜，不与私谈。同时，也不为刘縯服丧，起居饮食，一如往常。有人问到昆阳战事，刘秀也归功于诸将，没有一点居功的样子。刘玄见刘秀不动声色，不但消除了疑虑，而且还有些自惭，感觉对不起刘秀，于是拜刘秀为破虏大将军，封武信侯，行司隶校尉事，先往洛阳整修宫殿府库以便定都。

更始三年（25 年）十月，刘玄派刘秀以使者名义到黄河以北召集农民军，镇抚州郡。刘秀眼见在刘玄麾下不能成就大事，正在寻找时机与刘玄分道扬镳，另图大计，现在得到此令，真如蛰龙出海、猛虎归山，怎能不喜出望外？

刘秀并不多带兵众，只率亲从数百人渡河北上。沿途无犯百姓，只是巡察官吏，赦免囚徒，革除王莽苛令，官民们都非常高兴，争相迎接。

刘秀行至邺城时，南阳人邓禹请求相见。邓禹少时游学长安，曾与刘秀同学，两人早就意气相投，此时久别重逢，自然非常高兴。刘秀于是留邓禹同食同宿，商议军情。邓禹进言：现今山东不安，赤眉等到处扰乱，更始本是一个庸才，部下诸将也没有豪杰，不过志在财帛，只顾眼前，并无大志，更无深谋远虑，未来必定败亡。中兴大业，这等人怎能胜任？明公现在虽为藩辅，但终属受制于他人。明公盛德大功，为天下人所仰望，何不延揽英雄，收服人心，以立高祖大业！刘秀大喜，令邓禹留在自己身旁，遇事必与商议，令部众称邓禹为邓将军。

刘秀去洛阳路过父城时，父城留守冯异曾开门迎接，刘秀于是令冯异为主簿，冯异又跟随刘秀到洛阳，并举荐同乡人姚期。冯异一心辅佐刘秀，刘秀也推诚倚任。邓禹进言以后，冯异也力劝刘秀乘机独立。他认为，更始乱政，百姓无依，现在明公专任一方，应该立即分派官属，巡行郡县，清理冤案，广布恩泽，努力收拾人心。刘秀听了，不住点头称赞，依议而行。

刘秀渡河时，除了手持的麾节外，几乎什么实力也没有。他收纳了归附的州郡，利用他们的兵力，去平定拒命的州郡。平定邯郸后，刘秀派使臣告捷，被刘玄封为萧王。此后，刘秀就自据一方，以河北未平不奉诏命，不肯西归长安，从而脱离了刘玄政府，并与之对立。这时，梁王刘永割据睢阳，公孙述称王巴蜀，李宪自立为淮南王，秦丰自号为楚离王，张步起兵琅琊，董宪起兵东海，岑延起兵汉中，田戎起兵夷陵，都侵占郡县，称霸一方。铜马、大彤、高湖、重连、铁胫、大枪、尤来、上江、青犊、校、檀乡、五幡、五楼、富平、获索等部，都乘势而起，少则数万人，多则一二十万人。

刘秀既立志创造帝业，所以迅速对上述各农民起义军展开军事行动。更始二年（24 年）秋，刘秀亲率大军攻打铜马于鄡（今河北束鹿东）。又名吴汉来会清阳（今河北清河东南），准备一举歼灭河北的农民军。不料河北的农民军很多，大有与刘秀决一死战之势，因此刘秀暂时未敢应战，转而采取封锁策略，绝其粮道。农民军因饥饿不得食，不得不逃遁。就在逃遁过程中，刘秀出动大军追杀。这时，高湖、重连农民军从东南而来，与铜马余众会合，与刘秀大战于蒲阳。结果，因高湖、重连农民军首领转而归附刘秀，这样一来刘秀就有数十万人马，所以当时关西一带称刘秀为“铜马帝”。

刘秀收编了铜马余众，兵威大振，于是进一步发兵讨伐其他农民军。他打破赤眉别帅与大彤、青犊于射犬（今河南焦作东南），又在第二年追击尤来、大枪、五幡于元氏，追至右北平（今河北东北部），被农民军败于顺水（今名漕河）。后来，刘秀又重整旗鼓，终于大败农民军。农民军退入渔阳，刘秀又遣将追击至渔阳，连战于潞东（今北京市通州东）与平谷（今属北京市），将他们打得大败。这样，河北的农民军，一部分被剿灭，一部分转化为刘秀的军队，刘秀于是据有河北。

不久，赤眉军与更始政权发生冲突。刘秀于是抓住这一时机，派邓禹率军领兵向西进取。同时，又派冯异扼守孟津（今河南孟津东北），以拒洛阳。为巩固河北根据地，刘秀又自北徇燕赵一带，再命寇恂留守河内（今河南武陟西南），以保证粮饷来源。这样就进可攻，退可守了。

这时，刘秀麾下诸将一再献议，请刘秀上尊号称帝，但刘秀仍感到时机不太成熟，不从所请。后来由蓟县南征，诸将又请上尊号，因未满三推之数，所以刘秀不从。大军行至南平棘，诸将又劝进，刘秀才说："待我三思而后行。"再行至鄗，沿途接得军报，平陵人方望等从长安劫得孺子婴，到了临泾，立婴为帝，自称丞相。刘玄听说后，派部将李松前往攻打，方望兵败被杀，孺子婴也死于乱军之中。孺子婴被王莽废黜后，居定安公府第中，实际上等于禁闭，将近20岁时，还不能识别牲畜，王莽被杀后才得自由，不料这次做了一个月傀儡皇帝竟死于非命。刘秀听说孺子婴惨死，不免为之叹惜，又听说公孙述称帝，自思不如趁此时即位，以免落他人之后。主意已定，随即召冯异商议。冯异认为，更始必败，天下无主，想保宗庙，唯有依仗大王，大王正该答应众人请求，表率万民！正商议之间，忽然有军吏报告："有一儒生从关中来，自称是大王的老朋友，愿献祥符。"刘秀问他姓名，儒生自称强华，刘秀猛然想起自己少年游学长安，曾有一个同舍生叫强华的。见面后，强华从袖中取出一函，捧与刘秀。刘秀接过一看，封面上标着"赤伏符"三字，阅视内文，开头有三句谚语：刘秀发兵捕不道，四夷云集龙斗野，四七之际火为主。

刘秀问强华此文含义。强华说：大王本尚火德，赤为火色，伏有藏的意思，所以名为“赤伏符”。所说四七之际，四七为二十八，自高祖至今，计228年，正与四七相合。火为主，乃火德复兴，该属大王，请大王不要怀疑！刘秀问道：这可以深信吗？强华回答说：这本是大王的祥符，强华怎敢臆造？

第二天早晨，即由诸将递入表文，表文称：“受命之符，人应为大啊，万里合信，不议同情，周之白鱼，曷足比焉？今上无天子，海内淆乱，符瑞之应，已经昭然，宜答天神，以服众望。”

于是刘秀批准众议，就南郊设坛，于六月己未日为黄道吉辰，即皇帝位。刘秀头戴帝冕，身服龙袍，乘法驾，由诸将拥至南郊，燔柴告天，祭六宗，祀群神，读祝文。读毕祝文，刘秀缓步登坛，南面就座，受文武百官朝贺，改元建武，颁诏大赦。这一年本为更始三年（25年）六月，史家因刘秀登基，汉室中兴，与刘玄失败不同，所以将正统归于刘秀，以建武为正朔，因刘秀后来庙号为光武，于是称为光武帝。

二、重建汉室　光武中兴

刘秀结束分裂局面，实现了国家统一之后，要全面恢复和重建被打乱了的封建统治秩序，还面临着许多问题，其中最重要的是加强皇权，使政令畅通，防止大权旁落。因此，改革统治机构，使之更有利于皇帝专制，便成为当务之急。刘秀鉴于西汉末年以来皇权被架空，大臣专权，尤其是王莽篡权的历史教训使其采取了一系列改革措施。

首先是恢复汉家制度，刘秀是以恢复汉家制度为旗帜起兵的，因而在建立政权前后，就开始逐步完善对政治、经济等方面的制度和政策。但他对西汉原有的制度和政策并非一味地予以继承，而是有因有革。凡是仍能适应当时形势需要而被王莽否定的则予以恢复；对西汉政权造成危害的某些传统制度和政策，则加以摒弃。对王莽时代建立的制度和政策，虽然采取全面否定的态度，但对其中个别具有一定合理性的亦予以保留，使其“为我所用”。

为了集权，以及尽可能地加强皇权，光武帝从建立东汉起，便不断调整政治军事机构，加强了对官吏的法律监督，进一步强化了专制主义中央集权制度。

东汉初年设司徒、司空和太尉三公。司徒掌民事，司空掌水土工程，太尉掌军事，但实际上，三公没有实权。一方面，三公之下有九卿处理民政；另一方面，军事、法律等已转归尚书。当然，虽削弱了三公权力，但其地位却很高贵，上至天子，下至朝臣，会见三公，均礼教备至。

在削弱三公以后，主要职权集中在尚书部门。光武帝设了一个主要政务机关尚书台，尚书台设尚书令 1 人，是一千石官吏；尚书仆射 1 人，尚书 6 人，都是六百石官吏。尚书令辅佐皇帝，对各方面政务均有管理权。光武帝为提高尚书令地位特地下诏，朝会时尚书令与御史中丞、司隶校尉皆设专席，号称“三独坐”，以显示其尊贵地位。尚书仆射主要负责开启文书，并负有监察百官和谏诤的职责，如尚书令不在，可率尚书奏事。公卿、官吏、民政、外交、盗贼、狱论分别由尚书 6 人掌管。尚书下设左右丞、侍郎等，皇帝有事便命亲随告知尚书，尚书根据皇帝的意思拟定诏书，再下发给主管部门或地方官府。尚书会先看全国各地及中央部门上奏的文书，再转达皇帝或保存。国家一般事务也经过尚书台报告皇帝，听候皇帝的处理意见。这样光武帝通过尚书台亲自管理吏治和天下政务。尚书虽位尊权重，但官职低下。光武帝选用人的原则和标准是任人唯贤、德才兼备，如前期的伏湛、侯霸、冯勤等人。

同时，光武帝在秦、西汉的基础上，不仅完善、加强了监察制度，而且对行政系统实行有效的监督。

秦朝时，御史大夫负责监察，到东汉初年，御史大夫改称司空，负责水土工程之事。光武帝又设了御史台，由御史中丞主管，下设治书御史 2 人，其职责是解释法律条文；由 15 个侍御史去纠察违法官吏，接受群吏奏事，皇帝直接控制御史台。

西汉武帝时，曾设置司隶校尉，负责纠察京师及周围地区的百官，成帝时，司隶校尉被废除。光武帝把新设的司隶校尉的监察权扩大了，在京师，百官中除三公外都可纠察，在地方，扩大到所有诸郡。司隶校尉是独立的监察官员，享有“三独坐”的尊崇地位。

建武十八年（42 年），东汉光武帝恢复和完善了刺史制度，刺史可以督察从地方到中央的各级官吏。除京师及周围地区外，其他地区被划分为 12 个州，每州设刺史 1 人，食禄六百石，他们按照皇帝的规定，每年八月出巡所辖区域，按照朝廷规定的六条标准查访各地，平反冤狱，对地方官吏的政绩进行全面考察，每年年底向朝廷汇报。对地方官升降、赏罚均根据刺史的汇报。光武帝把赏罚之权划归刺史，并规定刺史每年必须举茂才一人。西汉时期刺史没有固定治所，东汉光武帝又为刺史设置固定治所，并明确规定，父母即使去世，在任期间的刺史也不许请假。刺史大多都是严明正直的文士。刺史的设立进一步加强了对地方的控制。

军队是封建统治的支柱，更是皇帝维护、强化皇权的重要工具。光武帝建东汉后，对军事制度做了重大的改革。

建武七年（31 年），光武帝下诏废除了一些地方军队以集中军权。诏书称：天下郡国都有军队，兵多而精，许多轻车、骑士及相关军吏都应回乡种田。这些军队都是汉高祖刘邦时命天下郡国在平原、山地、河泽等地区编制的地方军队。光武帝让这些部队复员，既节约开支，又为恢复农村经济提供了劳动力，并且集中军权，一举数得。

地方军队复员后，光武帝开始对京城卫戍军队进行整顿。光武帝在京师设南北军：北军警卫京城，由原来的胡骑、虎贲二校合并成五营而成，设北军中侯一人，官俸六百石，取代原来的中垒校尉，统率五营京城卫戍军。南军为宫廷禁卫军，设光禄勋一人，官二千石，统率殿门内的宿卫军；卫尉一人，官俸二千石，统率殿门外的宫门卫士。南北军是东汉军队主力，重大的军事行动、皇帝宿卫、京城治安都由这两支军队担任，重大典礼或仪式，也由这些军队充当仪仗队。皇帝直接掌握这两支军队的使用权。

外戚干政的问题自刘邦建汉以来始终没有解决，以致出现了西汉末年的外戚专权、王莽篡汉。刘秀为防止外戚专权再现，对后族、外戚干政进行了严密的防范，外戚一律不得封侯。如冯衍小时候就有奇才，9 岁时就能背诵出很多诗，20 岁时就因知识渊博而小有名气。王莽时期，虽多有举荐，但冯衍都拒绝了。建武六年（30 年），冯衍上书，建议光武帝采取注重文治、奖励功臣、安抚边境等一系列的措施，深得光武帝的赏识。后因外戚势力很看重冯衍，冯衍也就与他们结交。光武帝把外戚宾客抓起来绳之以法，借此打击外戚私交宾客。冯衍虽经光武帝下诏赦免，但也终不得用。光武帝名义上是打击宾客，但实际是在警告、震慑外戚不要有非分之想，所以，外戚在光武帝时都谦退以求自保。建武九年（33 年），光武帝想要封阴兴，阴兴极力推辞说：“臣蒙陛下恩泽至厚，家贵已极，不可复加，至诚不愿。”刘秀对阴兴的这一举动感到十分高兴：“嘉兴之让，不夺其志。”事后，对于阴兴为何如此谦退，他却说：“夫外戚之家苦不知谦退，嫁女欲配侯主，娶妇眄睨公主，愚心实不安也。富贵有极，人当知足。”正因如此，在光武帝时代，外戚“皆奉遵绳墨，无党势之名。至或乘牛车齐于编人”。

许多诸侯王在光武帝建国之初得到分封，但和西汉初年诸侯王相比，东汉诸侯王领地小了很多，大多只有一个郡。同时，这些诸侯王，只有食封权，而无治民权。尽管如此，鉴于七国之乱，光武帝还是极力约束限制各诸侯王的势力。建武二十四年（48 年），光武帝重申了汉武帝的“阿附蕃王法”，严禁诸侯王私交宾客。但过了不长时间，沛王纠集宾客谋杀仇人，事后，光武帝将许多王侯宾客坐以刑罚，被处死的有千人之多。所以三国时的诸葛恪说，自光武帝以来，诸王都很有节制，“唯得自娱宫内，不得临民，干与政事，其与交通，皆有重禁。”

光武帝深知“理国以得贤为本”的道理，因此，他非常注重对官吏的选拔和任用。

对官吏的选拔，光武帝汲取了西汉后期察举征辟制度的教训，颁布了“四科取士”的诏书。“四科”是选拔官吏的标准。一是志节清白，品德高尚；二是有知识，熟谙经书的博士；三是熟悉法令，能够熟练地依法办事；四是有魄力才干，办事干练，能独当一面。

光武帝严格要求选拔上来的官吏，不仅要求他们严守法规，勤于职守，而且还经常亲自考核他们，选优汰劣。对违法的官吏，即使是尚书近臣也要给予严惩。

光武帝“理国以得贤为本”的原则，加之所实行的一系列措施，因此东汉开国初的很多官员都是忠正耿直之臣。

集权也好，选用贤吏也好，如果要实现真正的长治久安，就必须安民，因为安民才是保持社会稳定、发展社会生产的根本所在。

光武帝于民间长大，经历过王莽的残暴统治，知道耕种之艰难，百姓之痛苦，知道百姓休养生息的要求。因此，在东汉建立后，光武帝废除王莽的繁苛法令，减轻刑罚，轻徭薄赋，给百姓以一个宽松的社会环境。此后，他还多次下诏削减各地的监狱，不断地告诫各级官吏尤其是地方官吏要体恤百姓，宽松执法。正因如此，在东汉初年，各级地方官吏大都以安民为要务。卫飒在光武帝建武初年时为桂阳太守。卫飒上任后，知道桂阳因地处边远，礼俗落后，便从抓教育入手，设立学校，端正风俗，过了一段时间，境内“邦俗从化”。桂阳郡的含洭（今广东英德西北）、浈阳（今广东莫德东）、曲江（今广东韶关东南）原来是越族的聚居地，后属桂阳，当地的百姓为不向官府交纳田租而逃进深山居住。因交通不便，官吏们来往这些地区时，都要征调民船，给百姓造成很大的负担，因此百姓怨声载道。卫飒组织开山道五百多里，一路设置亭传、邮驿，这样不仅减轻了人民的负担，而且还方便了那里的交通，百姓慢慢地都搬到道路两边居住，当地经济随之迅速发展起来，百姓开始向官府交纳田租。当时有人称赞说:“大汉初兴，详览得失，故破矩为圆，更立疏网，蠲除苛政，海内欢欣……人怀宽德。”

安民，要有效地减轻人民负担，光武帝认为官吏奢侈挥霍，官僚机构臃肿，是百姓的最大负担。因此，他在位期间，始终十分提倡节俭。据史书记载，光武帝自己是“身着朴素，也不玩赏稀世珍宝，内宫左右一视同仁”。建武十三年（37 年），有国外使者向光武帝献上一匹日行千里的名马和一柄宝剑，这匹千里马被光武帝送去驾鼓车，宝剑赐给了骑士。在光武帝的影响下，节俭在东汉初年蔚然成风。在提倡节俭的同时，光武帝对官僚机构进行了裁汰。西汉平帝时，全国有郡、国 103 个，县、邑、道、侯国 1587 个，冗官无数的局面从而形成。公元 30 年，光武帝下诏归并郡国，省并了郡、国十个，县、邑、道、侯国四百多个。行政开支由于并官省职而减少了亿万钱。合并郡县后，光武帝严格控制郡县的再度增加。建武二十一年（45 年），随着边境地区的发展，在边疆地区重新设置郡县已十分必要。马援率领一批官吏在边疆建立了一些堡壁，想要建立一批郡县，并任命了一批空有头衔的郡太守、县令。马援的目的是想通过设立郡县来招徕居民。光武帝得知后，笑着对马援说，边疆无一人却设置了这么多的官，比《春秋》里的素王孔子管起来还要难呀。马援只得作罢。为了提高地方官吏勤勉治民的积极性，减少中下级官吏贪污扰民的可能性，建武二十六年（50 年），光武帝下诏调整俸禄，增加六百石以下的官员，而减少一千石以上的官员。

安民，还要求提高百姓的社会地位。自西汉中期以来，大量的平民沦为奴婢，成为影响社会稳定的隐患，为此，光武帝连续六次下诏释放奴婢。当然，每一次都是针对不同地区、不同情况，都有一定范围和前提。同时，释放奴婢不仅仅是为了解决奴婢问题，更是光武帝政治、军事战略的重要部分。从地区上说，光武帝所释放的奴婢，集中在青、徐、凉、益诸州，这些都是光武帝政敌的统治区；在时间上，主要是释放那些在王莽当政时期沦为奴婢的人。这些诏令使奴婢的数量减少了，有效地抑制了自耕农沦为奴婢的趋势。同时，光武帝还在一年之内连续三次下诏，禁止杀、伤和虐待奴婢，提高了他们的身份，其生活也得到了改善。

安民，还要解决土地问题，以利于发展社会生产。西汉中期以来大规模的土地兼并，使土地高度集中。那些占有大量土地的豪强，并不如实地向国家申报土地、交纳田赋，因而造成了东汉初年土地问题一片混乱的局面。为准确地掌握全国耕田数目和户籍，打击豪强，保证赋税收入和征发徭役，光武帝于建武十五年（39 年）下令在全国“度田”，也就是丈量土地，同时也核定人口。在度田过程中，官吏们和豪强勾结在一起，或抵制清查，或隐瞒不量，而对百姓土地的丈量却连墙头地角、房前屋后都不放过，百姓“嗟怨遮道号呼”。光武帝了解到度田不实后，盛怒之下先后诛杀了大司徒、河南尹及郡守等十余人。结果导致了一场大规模的地方骚乱，地方上的豪族大姓纷纷叛乱，光武帝用镇压和分化相结合的手段，最终平息了骚乱。光武帝度田的目的虽没能达到，但也因此恢复了统计田亩和按比户口的旧制。

光武帝的一系列措施，为东汉的发展奠定了基础。因此，历史学家给予光武帝很高的评价。南宋诗人陈亮说:“自古中兴之盛，无出于光武矣。”明末思想家王夫之更是称赞光武帝“允冠百王”，认为“三代而下，取下天者，唯光武帝独焉”。历史上也把光武帝统治下的繁荣时期誉为“光武中兴”。

三、好儒任文　以柔治国

建武十三年（37 年）四月，吴汉平定西蜀，班师回朝。光武帝大规模犒劳将士，给予功臣高官厚禄，更改封号、增加封邑的有 365 人，又分封外戚、恩泽侯 45 人。其余各功臣按不同等级各有赏赐，对已经去世或战死沙场的功臣子孙进行了提拔，有的甚至还分封了他的旁系亲属或庶出子孙。

经历了长期战争的光武帝，厌倦了戎马生涯，深知长期战争，国家经济十分萧条，人民饱经战乱之苦，想休养生息，因此，不准在没有紧急军情时谈论军队战争之事。有一次，皇太子向光武帝问起有关攻战的问题，光武帝回答道：以前卫灵公向孔子请教战阵的问题，孔子没有回答，这也不是你所应该知道的事。邓禹、贾复等知道光武帝注重文治，不愿让功臣聚集在京城的想法后，便主动退职回家。

光武帝虽然剥夺了功臣的军政大权，但对功臣还是关心爱护、恩赏备至的。对于功臣的小过失往往能原谅和赦免；对于远方进贡的物品，他经常遍赐功臣列侯；同时还经常告诫功臣要珍重自爱，不要以身试法。

刘秀不让功臣干预朝政，一个直接的后果是没有让他们卷进权力斗争的旋涡中，而得以善终。刘秀不以功臣任职，实际上是防止功臣（尤其是他们没有战功的子孙）势力膨胀，免犯上作乱。用刘秀自己的话说，这是“退功臣而进文吏”。

王夫之指出，光武帝没有让功臣出任要职，诸将不做非分之想，光武帝的用意是深远的。自古以来，这种关系能处理得这样好，也只有东汉。

刘秀一向对儒士是比较重视，战争期间，他就多方笼络儒士。东汉建立后，他下诏书要求天下的文人参与政权。刘秀十分敬重那些在王莽乱政期间，辞职归家的士人，他千方百计地求访征召。对于应征者，刘秀都亲自接待。卓茂是西汉元帝时期的通儒，性情宽厚，西汉末年任密县县令，王莽篡权后，隐居不仕。光武帝继位后曾下诏说：前密县县令卓茂，注重个人修养，志节淳固，能做别人不能做之事，名声为天下之冠，应当受天下重赏，值得效法以前武王伐纣时封赠比干之墓、表彰商容故里。现在特任命卓茂为太傅，封宣德侯，食邑二千户，赐给几杖、车马和衣服一套，棉絮五百斤。卓茂死后，刘秀还穿上白色的丧服，亲自为他送葬。张堪 16 岁时去长安太学学习，因品学兼优被誉为神童。张堪在早年就给光武帝留下很深的印象，后来来歙推荐张堪，光武帝把张堪留在身边，出任郎中，不久又提升为谒者，专门传达诏命。吴汉征伐公孙述，张堪又被任命为蜀都太守。成都攻下，张堪将所查珠宝全部上报朝廷，没有丝毫隐瞒，而且安抚新征服的地区，使蜀人都安心归服，直到离任时，仍穿一身布衣，乘坐一辆断了辕的马车。光武帝听说后，感叹不已，后来任命张堪为渔阳太守。在张堪率领下，边境百姓抵御匈奴、开垦土地，得以安居乐业，因此纷纷歌颂张堪说：张堪当政，是我们的荣幸。正是这些文人儒士在战争期间帮助光武帝稳固了占领地区的统治。

光武帝特别注意网罗天下隐士，尽力访求，以礼相待。当时经常能在山林中看见征求隐士的车辆。有些隐士入仕为官，而其他如严光、薛方、逢萌、周党、王霸等人就坚决不入仕。对那些执意不肯出山的士人，刘秀也不勉为其难，而是以礼相待。

严光，字子陵，年轻时名声就很好。光武帝和他是同学，两人关系不错。等到光武帝当上皇帝后，其他同学都跑去攀交情，只有严子陵隐姓埋名，悄悄躲了起来。光武帝一直想让他出来辅佐自己，于是让人画好严子陵的像，派人到处查访他的下落。

齐国报告说，有个男子披着羊皮在大泽里面垂钓。光武帝怀疑那就是严子陵，派人前去打探，果然就是他。光武帝很高兴，专门准备了舒适的车马和官服，派人去聘请。请了一次又一次，严子陵实在躲不过去了，这才肯出来。他被安排在北军居住。

司徒侯霸和严子陵也是老朋友了，他派人给严子陵送信。送信人告诉严子陵，司徒大人听说先生您到了洛阳，他诚心诚意想亲自来拜访您。不过司徒大人现在身居要职，如果前来的话很不方便，怕别人说闲话，况且公务也实在繁忙。所以想请您老人家晚上委屈一下，到司徒大人那儿说说话。严子陵看都没看就把信扔还给他了。然后口述了回信：足下现在权倾朝野，举足轻重，这很好。您怀着仁慈之心辅佐朝政，天下人都很高兴。但是您阿谀奉承的功夫也达到了绝妙的境界！侯霸得到回信后立刻禀报给了光武帝。

汉光武帝当天就坐着车来到严子陵的住处看望他。严子陵知道光武帝来了，却躺在床上不起来。光武帝也没怪他，走到床边摸着他的肚子说："你这个咄咄逼人的严子陵啊，你就不能出来帮助我治理天下吗？"严子陵闭上眼睛不说话，过了很久才开口说道，以前唐尧德行那么高尚，他让许由、巢父出来做官辅佐他，他们听到这话后恶心得都去洗耳朵，嫌让他们出来做官的话弄脏了的耳朵。每个人的志向本来就不一样，你为什么非要来强迫我呢？光武帝很失望，说：子陵啊，到最后也不能让你降服于我吗？而后坐上车叹着气回去了。

后来光武帝叫人把严子陵带到皇宫里，两人一起聊天，两人面对面地坐着，一连聊了好几天。光武帝突然问道：我和以前相比，有没有什么变化？光武帝是想让严子陵夸他当了皇帝后气质和威严变了。可严子陵却回答，陛下比以前稍微胖了一点。光武帝于是就转换了话题。晚上两个人像同学时候那样睡在一起，严子陵睡熟后一个翻身，就把脚放在光武帝的肚子上了，光武帝也没有在意。第二天，主管观测天象的太史前来报告，说有客星侵犯帝星的征兆，而且非常急迫。光武帝笑着说：那有什么事啊，不过是昨天晚上我和老朋友严子陵睡在一起，他把脚放我肚子上了而已。

光武帝想拜严子陵为谏议大夫，但严子陵没有接受。光武帝见实在没有办法让严子陵出山辅佐他，就放他回去了。严子陵回到富春江从事农业劳动，时不时地还去江边钓鱼，过着悠闲的生活。后来人们把严子陵钓鱼的地方称为“严陵濑”，现在那个地方被称作“严子陵钓台”，是一处风景名胜。

建武十七年（41 年）的时候，光武帝又想起了严子陵，又一次请他出来做官，这一次严子陵还是没有同意。严子陵 80 岁那年死在家里，光武帝非常悲痛，感到很惋惜，于是下诏书给当地官府，赐给严子陵的后人 100 万钱和 1000 斗谷子，让他们给严子陵筹办丧事。

东汉初期，还有逢萌、王霸、井丹等人也始终不肯入仕，一生都在山林度过。

光武帝实行文治，对东汉社会的稳定和政权的巩固起了很大作用。

除了“退功臣而进文吏”之外，刘秀还采用“以柔道治天下”的治国策略。这是他目睹新莽政权昏暗、暴虐所带来的恶果而总结的治国经验。所谓柔道，就是在加强中央集权的基础上，适当减轻人们的负担和对人们的干扰，实行无为而治。这与西汉初年所崇尚的黄老之术有异曲同工之处。

从刘秀的实际行动看，他处理各项事务的方式，多数时间里是较为平和，注重大节，不计较琐碎小事。比如刘秀经营河北时，打败了割据的王郎后，当面将一些部将与王郎来往的书信销毁。又比如，建武二十七年（51 年），臧宫、马武上书要求出击匈奴，彻底消灭匈奴的威胁，刘秀否定了他们的建议。这也反映出他主张以柔道治国的理政方略。刘秀有着良好的个人作风，对臣下的建议，大部分能虚心接受，即使是措辞逆耳的上谏，只要言之有理，他也听得进去。刘秀大会百官，要求大家推荐一名太子的老师，大臣们知道刘秀非常宠爱阴丽华，为了迎合刘秀，都推荐阴丽华的弟弟阴识。但是博士官张佚对此却加以反对，他对刘秀说："陛下现在立太子是为了阴姓一家还是为了天下，要是为了阴姓一家，那么选择阴识为太子的老师是可以的，假如是为了天下，那么臣恳请用天下的贤才。"刘秀听后很生气，但转念一想，这话也有道理，就接受了批评。刘秀非常喜欢打猎，有一次，他打猎回城时已经半夜了，想从东门进入，但是执掌东门的官员郅恽明知是刘秀在外面叫门，就是不给开门。刘秀只好从别的城门入城。到了第二天，郅恽还上书批评刘秀夜以继日地在外面打猎，对国家不利，刘秀非但没有惩罚郅恽，还赐给了他百匹上好的布料，以示奖励。

然而，刘秀治国安邦并非仅用柔道，有时也采用严猛的手段，对一些违法乱纪的官吏，一旦发现，绝不姑息。在实行"度田"

时，他考察俸禄二千石的官员对他的政策没有认真执行和徇私舞弊的，一下就杀了河南尹张仪等守、相等十余人，并对在统一战争中立过大功的南郡太守刘隆等人予以严厉处罚。执行阿附蕃王法时，各个王侯家中的宾客和幕僚被处死的竟然有几千人。这就不仅不能说是柔道，而简直可以说是过于严苛了。严苛的行为，并非仅此几例。当地方上发生反抗朝廷的暴动时，他总是采用武力手段。

事实说明，刘秀治理天下之道，是有柔有刚，有宽有猛的，他奉行的是文武交用、刚柔相济之道。刘秀不能独行柔道的原因，首先与当时的社会政治条件有关。从维持社会长期稳定的需要来看，刚柔相济似乎比单用柔道更有效。当然，刚柔相济的策略，不同的人实行起来总会有不同的特色和效果。刘秀外圆内方的性格，加之他的气度恢宏，温文儒雅，虽然奉行刚柔相济的策略，却不到关键时刻不轻易采用威猛的手段，而较多地使用怀柔之术，以平和的方式解决棘手的问题。这大概就是后世史家认为刘秀“以柔道治天下”的缘故吧！

东汉王朝建立后，刘秀处理统治阶级内部、统治阶级与被统治阶级之间矛盾的政策和策略是行之有效的。面对满目疮痍的社会环境，百事待举，千头万绪，其中任何一个环节处置失当，就会出现问题。刘秀从减少民众疾苦入手，缓和阶级矛盾，发展社会生产力，不久便使刚刚建立的东汉王朝出现了政通人和、百废俱兴的景象。随后，他集中精力解决统治阶级内部事务，调整、理顺诸种关系，消除隐患，为国家的长治久安奠立根基。所有这一切，做得丝丝入扣，有条不紊，显示出政治家的非凡气魄、战略家的犀利目光和对历史进程的控驭能力。

第二节　明章之治　短暂盛世

一、明帝察察　守成之君

汉明帝刘庄是刘秀的第四子，他从小就爱读书，10岁时就已经把《春秋》通读了。他在30岁时即皇帝位，在位期间，继续推行刘秀的加强皇权、稳定内部的方针，对外戚、宗室和各地的豪强严格防范。明令：后宫嫔妃的娘家不得封侯，不得干预朝政。不仅不许外戚干预朝政，而且还命令阴氏、邓氏等外戚家族互相揭发。

汉光武帝的威望非常高，朝野称颂，被称为“中兴之主”。在此形势下，如何不负众望，继续发展经济，富民强国，的确是明帝首先考虑的重要问题。他要做守业的国君，一切遵循光武帝的制度，继续推行富国强兵政策。《后汉书·显宗孝明帝纪》载，帝继位后即下诏曰：“予末小子，奉承圣业，夙夜震畏，不敢荒宁。先帝受命中兴，德侔帝王，协和万邦，假于上下，怀柔百神，惠于鳏寡。朕承大运，继体守文，不知稼穑之艰难，惧有废失。”“继体守文”（即承继先统、恪守规矩）可以说是明帝执政以后的方针大计，也是其执政原则。

政治上，非常注意汲取光武帝的统治经验。汉明帝仿效了光武帝的一些做法，同时，也依据当时的形势，创造了一些新的统治方式。明帝继续限制三公的权力，对三公的选拔方式进行了改革。从有治理地方经验的郡太守中选拔三公，其目的是提高三公处理具体事务的能力。同时还把品格高下作为选拔三公的条件。因而在永平年间，三公任职者皆为杰出人才。

汉明帝对光武帝提高尚书台地位的做法，也给予继承和发展。他非常重视尚书台各官员的意见，而且赋予尚书台举荐官吏的权力，鉴于尚书台权力日重，对尚书台各官员的选拔也更加严格，使其能够真正代表皇帝意志。

光武帝时陆续分封了一些宗亲为诸侯王。汉明帝为了有效地控制这些诸侯王，采用了笼络和严惩的两手政策。一方面，他通过增加封地、奖赏、赐予特权、赐以殊礼等手法来笼络诸侯王，从而收到了安抚效果。明帝在位期间，大部分诸侯王对他还是亲善的。另一方面，对心怀叵测的诸侯王采取强硬政策。明帝将那些不法诸侯王改封号，削减封地，以至赐死。其中惩处最严厉的便是楚王刘英。明帝不仅削夺楚王刘英的封号，迫使刘英自尽，而且对涉及楚王刘英谋反案的人大肆株连、杀戮。

汉明帝对外戚势力刻意抑制。他效法光武帝，实行“后宫之家，不得封侯与政”的措施。如尚书阎章因为两个妹妹被立为贵人，不得升任要职，馆陶公主为子求一郎官，明帝也不应允，仅赏赐钱千万；功臣窦融子孙骄纵不法，永平五年（62 年）明帝下诏诸窦为官吏者皆携家眷回归故郡，后来窦融长子窦穆，孙子窦勋、窦宣都获罪下狱，最终被处死。虽然汉明帝面临的外戚关系要比光武帝复杂得多，可是，他在处理外戚问题上的手法却比较灵活。在政治上他对外戚任职严格加以限制，外戚担任的官职一般都不超过九卿，并严禁封侯。然而，对有才能的外戚，汉明帝也让他们担任适当的官职。汉明帝对外戚既限制又利用的做法，成为当时防止外戚势力侵犯皇权的典范。

在刑法上，他基本上坚持了光武帝的轻刑原则，规定死刑和劳役刑徒可以用财物赎罪。汉明帝一再下诏强调要执法均平。汉明帝实行轻刑的做法不仅没有使犯罪者增多，而且使社会秩序出现了安定的状况。

汉明帝即位时，东汉社会经过光武帝 30 余年的努力，经济已经有了明显的恢复和发展，汉明帝继续采取适当的措施，促进当时社会经济的发展。

保证小农稳定是发展社会经济的重要条件。这个问题一直受到当时有见识的政治家的注意。东汉建国后，光武帝便实行了积极扶植小农的政策。汉明帝继续实施这项政策，并且增加了扶植小农的方式。其中重要的是，他多次向全国小农赐民爵，对赐爵的目的、具体办法及爵位的转让都有非常明确的规定。明帝不仅对有户籍的小农赐爵，而且对“流人无名数欲自占者”也赐爵。汉明帝增加这项规定，是打算通过这个办法，把一些脱离户籍的流民，重新吸引回原籍，成为国家控制的编户齐民。

文化教育上，明帝热心提倡儒学，命皇太子、诸王侯及大臣子弟、功臣子孙等习经，又为外戚樊氏、郭氏、阴氏、马氏诸子立学于南宫，号“四姓小学”，设置“五经师”以授其业。他继承了光武帝倡导经学的传统，重视各类学校在经学传授中的作用，积极支持各种学校的兴办。在永平二年（59 年），他先后在辟雍中举行了大射礼和养老礼。这样，他就把光武帝在位最后一年修建的辟雍，变为礼仪教化的场所。而且他更重视在辟雍中传授经学，亲自到辟雍中讲授经义，从而使辟雍成为传授经学的最高讲堂。对于汉光武帝时兴办的太学，汉明帝极力维持。他努力把一些“经明行修”的大儒、名儒选拔为博士官，到太学讲授经学。因而，到汉明帝时，太学传授经学的地位并没有下降，仍然是国家传授经学的重要场所。

当然，汉明帝推动文化发展，不仅限于经学，还包括史学，他很注意对史学著作的编纂。汉明帝重用著名史学家班固，让他担任兰台令史，从事《汉书》的撰写。《汉书》虽然是在汉章帝时完成的，可是，班固撰写《汉书》的大部分时间都是在汉明帝统治时期。可以说，班固编纂《汉书》与汉明帝有很密切的关系。汉明帝还很重视佛教，在推动佛教传播上，起了比较重要的作用。佛教在西汉末年开始传入中国，明帝听说西域有神，其名曰佛，于是派使者赴天竺求佛经及沙门，并于洛阳建立中国第一座佛教庙宇白马寺。

明帝在位期间，基本消除了因王莽虐政而引起的周边少数民族侵扰的威胁，使汉族和少数民族的友好关系得到了恢复和发展。永平元年（58 年），辽东太守祭肜使归顺汉朝的鲜卑首领偏何击破赤山乌桓，西自武威，东尽玄菟的塞外诸族都来内附，边境屯兵得以罢省。永平八年（65 年），明帝又设置度辽营，并命中郎将吴棠代行度辽将军事，以监护南匈奴。永平十六年（73 年），窦固、耿忠等分兵四路征伐北匈奴。汉军出酒泉塞，进抵天山，击呼衍王，斩首千余级，追至蒲类海（今新疆巴里坤湖），取伊吾卢地。明帝设置宜禾都尉，并留吏士屯田伊吾卢城。其后，窦固又以班超为假司马与从事郭恂出使西域，由此西域诸国都遣子入侍。至此，西域与中原断绝关系 65 年后又恢复了正常交往。第二年，复置西域都护和戊己校尉。永平十二年（69 年），西南夷中的哀牢王柳貌率其众五万余户内附。至永平十六年（73 年），自汶山以西白狼等百余国也都来称臣贡奉。

总而言之，明帝之世，吏治比较清明，境内安定。加以多次下诏招抚流民，以郡国公田赐贫人、贷种食。永平九年（66 年）至十二年（69 年），由于“岁比登稔”，出现了“粟斛三十，牛羊被野”的繁荣局面。史书记载当时“民安其业，户口滋殖”。光武帝末年，全国载于户籍的人口为 2100 多万，到明帝末年，在不到 20 年间激增到 3400 多万。

二、章帝好儒宽厚无为

汉章帝名炟，明帝的第五个儿子，即位于永平十八年（75 年）八月，年 19 岁。汉章帝的生母是马皇后的同母异父姐姐贾贵人。因为马皇后没有孩子，汉章帝从小由马皇后抚养，后来被立为太子。章帝登皇帝位后，尊养母为皇太后，生母未加号。

章帝和明帝一样，遵循旧制，诏曰：“朕以眇身，托于王侯之上，统理万机，惧失厥中，兢兢业业，未知所济。深惟守文之主，必建师傅之官。《诗》不云乎：‘不愆不忘，率由旧章。’”

汉章帝即位的第二年，中原和东方一带发生了严重旱灾，赤地千地，饥民遍地。汉章帝急下令将仓库打开，将粮食发给灾民。听说粮食发下去了，他才安下心来召集大臣商量对策。大臣们纷纷进言，说天降旱灾，是阴阳失调所导致，是刑罚太重所导致。

汉章帝听取了他们的建议，大赦天下，减轻了刑罚。这样社会矛盾得到了缓和，社会秩序安定了。官民共同努力，度过了天灾。

汉章帝即位后，特别重视农业生产。

在他的督促下，各级官府都大抓农业生产。因此，汉章帝在位期间，经济大为发展。

汉章帝从小就很厚道，爱好学习，人又极其聪明。他尤其喜欢儒家学说，凡是儒家经典他都能背诵下来。汉章帝建初八年（83年），校书郎杨终上书称，天下太平，国家无事，皇上应该注重文教，整理五经。自从武帝独尊儒术以来，解释经书的众说纷纭，各持己见，莫衷一是，造成了学术上的混乱，往往离题千里，不合圣人之意。请皇上仿照宣帝召集名儒讲经石渠阁的盛事，给五经作出正确的解释，为后世留下范本。章帝对杨终的建议十分赞许，要求召集全国名儒，到洛阳北宫的白虎观中开会，对五经逐条做出解释，最后由他裁决。散会后，汉章帝命班固将正确的解释整理成书，取名为《白虎通德论》，简称《白虎通》或《白虎通义》。该书是经学与谶纬学的混合物，中心内容是宣扬三纲六纪，成为今文经学派主要典籍。董仲舒早已提出该伦理观念，《白虎通义》则将其进一步理论化，当作永恒不变的道德规范和最高的政治准则。它明确提出“三纲”是“君为臣纲，父为子纲，夫为妻纲”，以唯心的天命论为基础，并用某些自然现象与封建社会秩序比附，说明“三纲六纪”的合理性。它神化皇帝，说皇帝享有天下，是“受之于天，不受之于人”，天命所定，神圣不可侵犯。又说皇帝和臣民的关系就像太阳和月亮，臣民要对君主竭尽忠诚，这是天意。并将“君为臣纲”列为三纲之首，使封建纲常伦理系统化、绝对化。同时还把谶纬迷信与儒家经典糅合为一，使儒家思想进一步神学化，对后世历代王朝的政治法律制度、思想意识、伦理道德都产生了深远影响。

章帝即位之初，西域发生了巨变。明帝逝世之前，焉耆、龟兹联军攻击车师，西域都护陈睦、副校尉郭恂，全军覆灭。北匈奴乘势南下，把戊己校尉关宠团团围困在柳中城。在形势万分危急之时，明帝溘然长逝，汉朝无法派出救兵。车师再度背叛，帮助北匈奴，攻击戊己校尉耿恭。

戊己校尉耿恭据守疏勒城，坚守数月之久，粮秣耗尽，靠煮吃盔甲以及弓弩上的皮革，勉强度日。耿恭与将士们同心协力，生死与共，士兵们受到很大鼓舞，士气高昂。但伤亡的人数日渐增多，最后只剩下数十人，北匈奴单于知道耿恭等人身陷绝境，还仍然英勇善战，十分敬佩他的勇气，一定要收降他，派人劝降，答应封他为白屋王，将公主嫁给他为妻。耿恭假装同意，引诱匈奴使节登城后，却把使节诛杀，并焚尸于城上。北匈奴单于气得发狂，更增派援兵，缩小包围圈，加紧进攻的步伐，但仍无法破城。

关宠上书求救，章帝刚刚即位，便召公卿大臣一同商议对策。司空第五伦认为，不应该发兵救援。司徒鲍昱则认为，朝廷派人前往危难之地，一旦这些人陷入困境，国家却置之不顾，把他们遗弃，这无形中等于对外鼓励了外族人对我朝的侵犯，对内则使为国死难臣民悲痛伤心。如果是为了一时权宜之计，可以永保边界平安的话，也未尝不可。可事实上是北匈奴一定会继续不断地侵犯中国边塞，到那时候，陛下将派谁前去歼敌呢？戊己二校尉只不过领兵各数十人，匈奴大军围攻，历旬不下，这正是匈奴兵力寡弱，兵力已尽的表现。我建议，陛下可令敦煌、酒泉太守各率精骑两千，多张幡帜，倍道兼行，前往救援。匈奴兵疲力尽，绝不敢与我军对阵，不出一个月，足以迎接他们入塞。

章帝采纳了司徒鲍昱的建议，派征西将军耿秉驻守酒泉，代理郡守。派遣秦彭与谒者王蒙、皇甫援征发张掖、酒泉、敦煌三郡及鄯善兵，共7000余人，建初元年（76年）正月，在柳中会合合击车师，攻占车师前王国首都交河城，斩首3800级，俘虏3000余人，驼、驴、马、牛、羊37000头。北匈奴惊恐万分，落北而逃，车师再次降服于汉朝。

这时，关宠已经病逝，汉军不敢继续前行，想要班师回朝。随军前来的耿恭部下范羌请求说：我们已经来到了这里，就不能抛下耿将军不管呀！经他再三恳求，还是无人敢去，最后只拨给他 2000 人，让他自己领兵去迎接耿恭。

范羌带着这 2000 人，踏着一丈多深的积雪，历尽千难万险终于来到了疏勒城下。耿恭听到城外喧哗，以为是匈奴兵又来了。此时，范羌在城外大喊，我是范羌，快开城门。我是来接你们的。耿恭等人喜出望外，赶紧打开城门，此时城中士兵仅剩下 26 人。第二天，范羌迎接耿恭一行东归，没走出多远，匈奴兵就追了上来，范、耿与匈奴兵且战且退。当到达玉门关时，耿恭等人仅剩下了 13 人。他们各个衣衫褴褛，骨瘦如柴，但是他们忠于国家和民族的精神，却依然如炬。耿恭还朝后，被晋封为骑都尉。

后来班超经略西域时，司空第五伦和校书郎杨终建议章帝，放弃远在万里之外的西域，以免劳民伤财。章帝听取了他们的意见，下令班超班师回朝。但是西域人民抱住班超的马腿，不愿让班超离开，班超深受感动，上书章帝，恳求允准自己继续留在西域。章帝大受感动，立即同意了班超的请求，并派兵前往增援班超。不久后，班超智取莎车、赶走匈奴、威震西域。汉章帝能在关键时刻，高瞻远瞩，作出正确的决策，因而保住了西域。

章和二年(88 年)二月，章帝病逝于洛阳章德前殿，终年 31 岁，葬于洛阳城东南郊之敬陵，庙号肃宗。《后汉书 · 肃宗孝章帝纪》末有这样一段论赞，比较恰切地概括了章帝的一生业绩，兹录如下：

“魏文帝称‘明帝察察，章帝长者。’章帝素知人厌明帝苛切，事从宽厚。感陈宠之义，除惨狱之科。深元元之爱，著胎养之令。奉承明德太后，尽心孝道。割裂名都，以崇建周亲。平徭简赋，而人赖其庆。又体之以忠恕，文之以礼乐。故乃蕃辅克谐，群后德让。谓之长者，不亦宜乎。在位十三年，郡国所上符瑞，合于图书者数百千所。乌呼懋哉。”

第五章

黑暗时期

——宦戚轮流掌控政权

自和帝以降，东汉王朝出现了外戚与宦官交替掌控政权之局面。这种局面的出现，与东汉初加强皇权措施有关。汉光武帝为有效处理日渐繁重的国家事务，极力抬高尚书台的地位。皇帝选择亲信的三公或其他大臣主持尚书台事务，皇宫内原先曾由士人担任的某些官职，也专由宦官担任，以便皇帝直接控制，随心指使。权力的高度集中，导致在政治衰乱时代，少数权臣可以挟持皇帝，专擅朝政。而且，和帝以下诸帝，多童年即位，故多母后临朝，外戚借此掌权用事：即位皇帝大多年幼，外戚集团借易于接近皇帝之机，利用皇帝年幼软弱，掌握朝中大权；宦官则利用皇帝逐渐成年，摆脱外戚、亟欲亲政的心理，合谋铲除外戚势力，取而代之。外戚、宦官轮番执政，排除异己，为掌控权力而激烈争斗，使得东汉王朝的政治关系愈发复杂、统治也愈发黑暗。

第一节　宦官外戚　擅权之争

一、轮番执政　党同伐异

外戚、宦官政治曾是西汉王朝的两大隐患，最终葬送了西汉政权。时光进入东汉，外戚专权、宦官干政仍然是大汉朝廷的两大政治危机，刘秀建立东汉，宣称是西汉的中兴，但他没有能力采取行动以防止外戚、宦官政治复活，反而走来走去，仍然走到了这座独木桥上。外戚、宦官之争是东汉政坛的一大特色，也是造成其由盛转衰、最终覆亡的重要原因。东汉朝廷的执政人物，除了表面上的最高统治者皇帝，除了地方的豪强地主，还有外戚、宦官和士大夫。前者是古老力量，后三者是新兴力量。这三种人物互相斗争，构成了东汉王朝的全部宫廷政治史。

东汉中后期外戚、宦官政治之所以如此严重，主要是因为皇帝多年幼即位（整个东汉，除了开国天子光武帝和他的儿子明帝是成年人践祚外，其他皇帝，即位时最大的也只不过十八九岁，最小的是还抱在怀里喂奶的婴儿，如和帝是10岁、殇帝是3个月、安帝是13岁；而且除了献帝外，他们没有一个活到40岁，殇、少、冲、质4帝甚至还没有机会庆祝自己的10岁生日），年轻的太后临朝，在儒家学派意识形态和多妻的宫廷制度下，她不便接触男性大臣，就不得不重用娘家父兄来协助处理政事，这就为外戚窃取大权创造了机会。外戚自恃亲贵，骄横擅权，无视幼主，朝中大臣均仰承其鼻息行事。及至皇帝成年懂事，不甘外戚挟持，为把大权夺回到自己手中，就结纳在身边的心腹宦官，发动政变，除掉外戚。皇帝亲政后，自然重用夺权有功的宦官，于是又演变成宦官专权的局面。新皇帝登基后，宦官能力又不足以辅政，接着又有新外戚上台。这种围绕皇权争夺而出现的外戚、宦官起伏交替专政，就成了东汉政坛的主要特征。外戚、宦官挟持幼帝，独裁专横，大肆搜刮，徇私枉法，党同伐异，导致统治日趋腐朽，政府"仓帑为虚"。

在东汉，外戚一般都是功臣宿将、名门大族，他们是豪强地主上层的代表。东汉外戚主要有"马、窦、邓、梁"四大家族。明帝的马皇后是大功臣马援的女儿；章帝的窦皇后（和帝时为太后）是大功臣窦融的曾孙女，桓帝的窦皇后（灵帝时为太后）也是窦氏后裔；和帝的邓皇后（殇帝、安帝时为太后）是功臣邓禹的孙女；顺帝的梁皇后是功臣梁统的后代。这四大家族，集功臣与外戚于一身，势力非常强大。除了马皇后一门能自我谦抑以外，其余几家都专横跋扈，显赫一时，周而复始，反复循环。顺、冲、质、桓4帝时，外戚梁冀专政近20年，财富积累达30亿，堪称当时“世界首富”。质帝因为说他是“跋扈将军”竟被梁冀残忍毒杀。此外，少帝时的何太后一家（其兄何进专权，与袁绍杀宦官蹇硕，后又为宦官张让、段珪所杀）、献帝时的伏皇后一家（其父伏完曾密谋反曹操，为后者所杀），也曾有过短暂的重大举动。而长期的世家大族执政，还形成了具有垄断性的门阀政治和特权阶层。

除了外戚之外，使用起来得心应手的就是那些在皇帝身边伺候日常生活起居杂事的宦官。宦官都做过阉割手术，失去了作为男人的生理功能，然而这些人可出入于后宫。在皇帝看来，宦官可以说是皇帝家庭的仆人。皇帝感觉他们也是亲人，予以信任。宦官自然没有孩子，一般的高官会考虑本家族的利益，宦官没有家庭，皇帝就认为他们会一心一意地为自己服务。所以，比起有家族的大臣，皇帝往往更信任宦官。

皇帝更换，皇后、皇太后家族自然也随之更换，唯有宦官的势力不会发生变化。从这个意义上说，宦官比外戚更难以处理。

东汉的宫廷政治，当宦官的势力过于强大时，就试图利用外戚的力量予以削弱；反之，当外戚专横时，就试图通过宦官的力量予以抑制。

外戚、宦官之间有四次大的斗争：第一次是宦官郑众协助和帝同外戚窦宪的斗争。这是第一个回合，窦宪被杀，宦官胜利，郑众因功封侯，他们在政治上的弄权也从此开始，这标志着中国历史上出现了第一次大规模的宦官时代。第二次是安帝和宦官同外戚邓氏的斗争，李闰、江京逼邓太后之兄自杀。第三次是顺帝和宦官孙程、王康等杀外戚阎显（阎太后之兄）。第四次是桓帝和宦官单超等同外戚梁冀（顺帝妻梁皇后的兄弟、冲帝的舅父）的斗争，梁冀终于被诛。

汉章帝驾崩后，窦太后一直把持朝政，年幼的和帝完全成为傀儡。然而，随着小皇帝的年龄越来越大，也越来越懂事，这就对权势日益膨胀的窦家构成了威胁。于是，窦宪便与他的同党密谋准备杀害和帝。

此时的和帝已经14岁了，他暗中得知窦宪的阴谋，决心实施反击。可是，举目整个朝廷，窦家的人比比皆是，虽然也有几个正直的大臣可以信赖，但窦氏兄弟限制皇帝与大臣们单独接触，和帝的身边只有几个宦官可用。和帝经过仔细观察，觉得中常侍钩盾令（负责宫内河池苑囿的宦官）郑众这个人忠心耿耿，而且很有心计，就趁外人不在的机会，与郑众说了自己的想法。郑众早已看不惯窦氏的横行霸道，也劝和帝早下手为强。

此时，窦宪正镇守凉州，如果京城有变，他必然领兵叛乱。

正巧窦宪和邓叠领军回京，和帝派人前去迎接，予以赏赐，然后亲临北宫，下令执金吾五校尉率兵马驻守南、北宫，分头捉拿窦宪的死党，抓进监狱处死，亲属远迁边地。第二天，和帝派人直入窦家，宣读诏书，收回窦宪的大将军印绶，改封为冠军侯，把窦氏兄弟全都赶回到各自的封国去。考虑到窦太后的面子，窦氏兄弟没有被公开处死，皇帝选派严厉的国相加以监督，最终窦氏兄弟被迫自杀。

和帝执掌政权后，立即清理窦氏残党余孽，凡是倚仗窦氏家族的权势得以当官的所有人全部罢免，强制返乡。三公之一的太尉宋由为窦氏出谋划策，被撤职后自尽。最可怜的当数班固。这个世所罕见的大文豪被视为窦氏党羽。的确，他曾跟随窦宪远征，撰写歌颂窦宪战功的碑文，并由此得以晋升。

在班固被视为窦氏同党的时候，他家的仆人仗势欺人，行为不端。这个喝得醉醺醺的仆人闯进洛阳令种兢的行进队列里，大肆喧闹，出尽丑态。种兢大怒，但一打听，知道是班固家的仆人，而班固的后台是权势熏天的窦氏，只好咬牙切齿地忍气吞声。等到窦氏失势，种兢以班固是窦氏的得力干将为由，借机罗织罪名，将其逮捕。班固死于狱中，时年 61 岁。后来汉和帝了解到这些情况，下令将害死班固的狱吏处死抵罪。

具有讽刺意味的是，和帝准备消灭窦氏集团时，曾秘密借来班固所著的《汉书·外戚传》，从中汲取前朝皇帝斩除外戚的经验。最终和帝成功地夺回了政权，班固却死于非命。

不言而喻，铲除窦氏的最大功劳者是宦官郑众。郑众因功担任大长秋之职，他似乎没有更高的官欲。大长秋是主管伺候皇后的机构的长官，在西汉一般由士人担任，但东汉成为宦官的职责，俸禄两千石，是宦官的最高职务。

东汉的宦官之祸乱始于此。

元兴元年（105 年）冬天，27 岁的汉和帝病死于洛阳章德前殿。和帝死时还未来得及立太子，阴氏和邓绥这两位皇后都没有生育，后宫嫔妃倒是生了不少孩子，但不知是什么缘故，前后夭折了十几个，于是就出现了宫中是凶地的传言。此后，再有皇子出生，就由奶娘抱出宫外，寄养到民间。和帝驾崩后，邓皇后透露了这个秘密，群臣急忙寻找皇子，结果找到了两个皇子。长子刘胜 8 岁，但天生残疾，不便迎立；少子刘隆出生不足百日，但除了他再无别的人选，只得把这个襁褓之中的婴儿立为太子，匆忙即位，他就是汉殇帝。

汉殇帝连话都不会说，被尊为皇太后的邓绥便临朝摄政，成了实际上的皇帝。她见刘隆幼小孱弱，担心将来发生不测，便多了个心眼儿，把清河王刘庆 13 岁的儿子刘祜留住在京城。

邓太后不仅能够明辨是非，处事得当，还懂得勤政爱民。执政后她接连下诏大赦天下，又削减宫内日常费用，卖掉上林苑所养的鹰犬，她自己则朝晚只一肉一饭，郡国进贡的东西全部减半。后宫多余的侍女以及宗戚因获罪而沦落为官婢的，一律遣散出宫择人婚嫁。邓太后的这些所作所为，使朝中文武百官莫不叹服，称赞她是圣明太后。

邓太后执政刚刚八个月，尚未断奶的殇帝就病死了，谁来继承皇位，顿时成了焦点。以周章为首的大臣们认为刘胜得的并非久治不愈之症，应由刘胜继承皇位。邓太后明白，大臣们主张立刘胜，目的就是想从她手中把权力夺去。于是，她连夜将哥哥邓骘召进宫中，让他亲自持节驱车，赶在刘胜入宫之前，用已封王的皇子才能坐的青盖车将刘祜秘密接进宫中。

第二天一大早，文武百官翘首等待新皇帝刘胜出现，万没想到被仪仗引导上殿的居然是清河王之子刘祜。邓太后下了一道早已准备好的诏书，将刘祜立为和帝之子，接着又当场撰写册立皇帝的诏命，把刘祜送上皇帝的宝座，就是汉安帝，邓太后仍然临朝摄政。

邓太后摄政，很多大臣都看不惯，其中就有周章。汉安帝即位后，邓太后对周章还比较宽容，拜他为司空。虽然名列三公，但周章不满太后专权，就在暗地里联络朝廷官员，密谋发动政变，拥立刘胜为帝。谁知道事机不密消息泄露，政变还未开始就被扑灭了。周章自杀，被牵连的人数不胜数。

还有一位名叫杜根的郎官，与另一位郎官共同上书，请求太后归政皇帝。邓太后见到上书，拍案大怒，下令将这二人装入丝囊中在殿上打死。另一位郎官当场丧命，幸好执法的人知道杜根的名声，私下告诉行刑的人不要太用力，只是把他打得昏死过去。杜根的“尸体”被运到城外才渐渐地苏醒过来。这时候邓太后派人来验尸，他醒了也不敢动弹，在原地装了三天死人，直到眼中都生出蛆来，这才敢逃生。他从洛阳一直跑到宜城（今湖北宜昌附近），在当地隐姓埋名，做了 15 年的酒保。直到邓太后死后，他才出来重新做官，成为侍御史。

邓太后虽然眷恋权位，但她治理国家还是尽心尽力的。在邓太后摄政的这十几年里，有长达 10 年的时间天灾不断，后来又有羌人入侵等外患。多亏了邓太后日夜操劳，国家才挨过了许多劫难，终于出现丰收安定的局面。

邓太后执政时期，对于亲戚的使用还是比较克制的，只是重用兄长邓骘给她当帮手。邓骘很争气，做事谨慎，不贪不占，对于有才能的人敬重有加。永初四年（110 年），邓骘听说有个名叫杨震的人博学而贤明，竟一连三次派人登门征召，请他出来当官。杨震是华阴县人，对今文《尚书》颇有研究，长期设馆讲学，学生多达数千人，当时人称为“关西夫子”（亦称“关西孔子”）。杨震感于邓骘的诚意，就接受了他的举荐，先为茂才（西汉时称秀才，东汉时为避刘秀之讳改名茂才），后来经过四次升迁，做了荆州刺史、东莱太守。

永初六年（112年），杨震前往东莱上任，路过昌邑（今山东金乡县西北），昌邑县令王密就是由杨震推荐为茂才而踏上仕途的。为了答谢杨震的提携之恩，王密就在这天夜里来拜访杨震。两人谈到很晚，王密取出10斤黄金相送，杨震不高兴地问他：“故人知君，君不知故人，何也？”王密见杨震不肯收礼，就对他说：“暮夜无知者。”杨震脸色一沉，说道：“天知、神知、我知、子知，何谓无知？”王密听了，非常羞愧，收起金子就离开了。以上是《后汉书·杨震传》的记载，在《资治通鉴》的记述不是“神知”，而是“地知”。杨震为官清正廉洁，家里也就不富裕，他的子女只能经常吃蔬菜，出门连车都没有。有些亲朋故友劝他为子孙置办一些产业，杨震不肯。他说：让后代人说他们是清官的子孙，把这个留给他们，不也是很丰厚的吗？

永宁二年（121年），41岁的邓太后病重身亡，安帝都已经28岁。当年，和帝14岁时就断然对窦氏发动政变。安帝想到自己正是年轻有为的大好时光，却依然还是一个摆设，为此愤愤不平。

明帝之子河间王刘开在当时是皇族中的最长者，其子刘翼来洛阳的时候，很得邓太后的欢心。刘翼资容端丽，风度翩翩，礼仪规矩。但是，河间王的嗣子已经定为刘政。邓太后想到平原王无后，便将刘翼作为他的孩子。因痼疾未能即帝位的刘胜成为平原王，但他未生子即死去。被封为平原王的刘翼按照邓太后的意图，没有赴任，一直留在洛阳。这对安帝来说，实在是心头之患。

邓太后死后，安帝在李闰、江京等一批宦官支持下开始亲政。

安帝亲政的第一件事自然是清洗邓氏家族，其理由是阴谋立刘翼即帝位。宦官们都忙得不亦乐乎，接连不断上书诬告邓氏家族。邓骘及其子邓凤绝食而死，家产悉数没收，宗族中有为官者全部撤职，强制回乡。邓广宗、邓忠、邓豹、邓遵、邓畅等邓氏家族中自杀者接二连三。只有邓太后亡兄邓弘之子邓广德和邓甫德因为其母与安帝皇后阎氏是姐妹关系，才被留在洛阳。

大司农朱宠备棺冒死上书，说邓骘无罪。安帝不得不改葬邓骘等人于洛阳的北邙山。

延光四年（125 年），汉安帝在巡游江南的途中突发疾病而死，年仅 32 岁。汉安帝只有一个儿子，就是庶妃李氏所生的刘保，自然被立为太子。阎皇后没有孩子，生怕李氏因子而尊，夺去她皇后的位置，就把李氏毒死了。她又害怕太子将来即位后为母报仇，便诬告年仅10岁的太子想谋反。如今安帝死了，执金吾阎显以及阎景、阎耀等阎皇后的兄弟们秘不发丧，回到洛阳以后，便开始紧张安排后事。一心想干政掌权的阎皇后认为这是个千载难逢的机会，选了一个年幼无知的皇族成员当了皇帝，他就是汉章帝的孙子北乡侯刘懿，史称汉少帝，而她自己则以太后身份临朝听政。阎显任车骑将军，阎景任卫尉，阎耀任城门校尉，阎晏任执金吾，正是阎氏家族的鼎盛时期。然而这个鼎盛时期十分短暂。

少帝一直卧病在床，中常侍孙程就立即与被废黜的皇太子刘保的家臣秘密取得联系。少帝一死，安帝之子刘保就顺理成章地即位。阻挠刘保即位的只是阎氏家族。少帝死后，阎氏家族秘不发丧，研究继承者的问题。他们紧闭宫门，派兵严守，以防政变。而孙程则召集宦官，连同自己在内一共19人趁夜举事。如同配合他们的举事，那天晚上流传洛阳发生了地震。这19个歃血为盟的宦官冲进阎氏系统的宦官把守的禁门，开始宦官之间的拼搏。阎氏宦官中，李闰深得人心。这19个发动政变的宦官在禁门杀死宦官江京、刘安、陈达等，但对李闰，只是以刀逼他就范。李闰表示同意。这19个宦官立即把11岁的济阴王刘保迎回西钟之下，拥立即位。阎氏家族的抵抗土崩瓦解。阎氏兄弟全部被杀，阎太后被幽禁于离宫。政变一举成功。

汉顺帝是由宦官扶立上台的，为了报答大恩，他登基后对孙程等人大加封赏，19个宦官全部被封为列侯，而且孙程万户，王康九千户，黄龙五千户，在东汉列侯中属于大列侯。最少的是魏孟两千户，苗光一千户，其他都在四千户以上。李闰是被迫参加，没有参与事先的策划，未被封侯。当初反对废黜皇太子的官员重新复职，已经死去的皆被提拔其子。东汉政权似乎重新恢复生机，但难以解决的新问题困扰着这个新政权。这就是宦官的势力迅速膨胀。

阳嘉四年（135年），顺帝同意中官（宦官）以其养子继承爵位，从而进一步加强了宦官的势力。被阉割的宦官不能生子，即使成为列侯，因无子嗣世袭，所以一代而绝。但是，宦官通过养子可以将爵位传承下去。三国曹魏就是出身于宦官通过养子传承下来的家庭。

永建三年（128年），梁家有两个人一起被选入宫中，一个是梁商的妹妹，一个是梁商的女儿。梁商原来只是个乘氏侯，跟皇家搭上关系后迅速飞黄腾达。阳嘉元年（132年），汉顺帝年满18岁，梁商的女儿被立为皇后，其妹被立为贵人，梁商转眼间成了国丈，皇帝赐给他安车驷马（四匹马拉的车子），尊荣煊赫无比。面对这突如其来的荣华富贵，梁商心中颇为不安，皇帝拜他为大将军，他也不敢接受。

《后汉书》这样描写梁商“性慎弱无威断，颇溺于内竖”。内竖，就是妇女、小孩。他大概以家庭为重，胆小气弱。被任命为大将军后，称病躲在家里一年不出来，结果顺帝派太常桓焉到梁商家里硬是让他接受任命。除西汉卫青在征讨匈奴途中拜受大将军的任命，此后，还没有在宫外任命大将军的例子。在自己家里拜受大将军任命的，空前绝后，唯梁商一人。

儿子梁冀继父亲之后任执金吾，又成为河南尹。梁冀与父亲梁商的性格大相径庭，《后汉书》称梁冀："为人鸢肩豺目，洞精矘眄，口吟舌言，裁能书计。少为贵戚，逸游自恣。性嗜酒。"勉强能够读书写字，算数计数，讨厌学问，却喜欢赌博，各种赌博方法无不精通，还喜欢猎鹰等体育活动。

梁冀玩耍游戏是行家里手，但这样的人当官就很麻烦，随心所欲，恣意妄为，一定让人苦不堪言。洛阳令吕放向梁商状告梁冀的恶行，梁冀就雇凶杀掉他。这个为非作歹的梁冀与小心谨慎的父亲完全不同。

永和六年（141 年）梁商病死，还未来得及下葬，顺帝就让梁冀接替父职，做了大权在握的大将军。没几年，汉顺帝突然得病死了，梁皇后没有儿子，就选了美人虞氏生的两岁娃娃即位，史称汉冲帝。梁皇后升为皇太后，临朝听政，大权实际上落到梁冀的手里。仅过了五个月，小皇帝也死了，梁冀又立了 8 岁的刘缵当皇帝，就是汉质帝。

汉质帝虽然年纪小，但既聪明又懂事，对梁冀的蛮横霸道很是看不惯。有一次，他在朝堂上当着文武百官的面对梁冀说，你真是个跋扈（强横）将军！成语“专横跋扈”就出自这里。

在梁冀听来，这言外之意是说：现在我年龄尚幼，等我长大以后，绝对不能允许你如此跋扈。梁冀感觉小皇帝很危险，于是就毒死了汉质帝。

于是，汉室继续选择皇位的继承者。不到两年时间里，死了顺帝、冲帝、质帝三个皇帝，这不能不说是异常状态。“国祚三绝”让人们心情沉重阴暗。太尉李固、司徒胡广、司空赵戒三公联名写信给梁冀称，“国之兴衰，在此一举”。

皇帝继承人集中在两个人身上：蠡吾侯刘志和清河王刘蒜。刘蒜仪表堂堂，言行举止中规中矩，公卿们都对他寄予厚望。三公以及大鸿胪杜乔等都极力推荐清河王。但是梁冀早已有了新皇帝的人选，他就是 15 岁的蠡吾侯刘志。

有一次，中常侍曹腾（宦官）去见刘蒜，刘蒜对他极其无礼。曹腾是顺帝的心腹，深得信任，由于宦官之间的互相忌妒，曾有人诬告曹腾，顺帝将诬告者诛杀。曹腾因此怀恨在心，他与梁冀有深交，便对梁冀挑拨离间道，刘蒜这个人性格严明，他要是即位，恐怕危及大将军性命。当然，梁冀也不希望出现一个作风严厉的皇帝，在重臣会议上强行推荐刘志。李固和杜乔还想继续讨论下去，梁冀却大喝一声“结束”，立皇帝这么大的事就定完了。李固认为“国之兴衰，在此一举”，不肯罢休地写信给梁冀，以书面形式说服他重新考虑。梁冀大为恼火，向皇太后告状，将李固撤职。刘志顺利登基，史称汉桓帝。

汉桓帝即位后，朝中大事全由梁冀一个人说了算，他更加飞扬跋扈了，作威作福。他爱养兔子，就在洛阳城西建了一个绵延几十里的兔苑，命令各地交纳兔子。他让人在兔子身上烙上记号，谁要是敢伤害梁家兔苑里的兔子，就得掉脑袋。有个西域来的商人不知道他的禁忌，误杀了梁家兔苑里的一只兔子，为了这么一件小事，竟连累十多个人送了性命。

梁冀还千方百计地搜刮财产。他听说有个叫士孙奋的人很有钱，就送给他一匹马，以此为借口向他借钱 5000 万。士孙奋没办法，只好拿出 3000 万送给他。梁冀却嫌少，吩咐官府把士孙奋抓去，硬说他的母亲是梁家逃出来的奴婢，偷走了 10 斛珍珠、1000 斤金子。士孙奋不肯承认，竟被官府活活打死，财产全部没收，自然全部进了梁家的府库。

有个叫吴树的人，新任宛县县令，到梁冀那儿去辞行。梁冀要吴树到任后对他的族党宾朋多加照顾，吴树回答说，对那些干坏事的小人，应该杀绝。大将军居高位，又是皇后的亲兄，理应尊崇贤良的人，以补益朝廷。吴树说到做到，到任后就杀了十几个罪恶累累的家伙，而这些人都跟梁冀有瓜葛。梁冀恨透了吴树，就以升他为荆州刺史为借口，将他召至府中饯行，暗中在酒中下了毒。吴树离开梁府，还没回到家，就毒发身亡了。

延熹二年（159 年），梁太后死去。但梁氏的外戚势力并未因此而消失，梁太后的妹妹进入宫中，成为桓帝皇后，所以梁氏依然是外戚。梁太后死后，梁冀立即被加封一万户，食邑增加到三万户。

梁太后在死前一个月，颁布诏书，宣布把政权归还给皇帝。人们以为真的是大政奉还，其实不过是有名无实的把戏。已经习惯于掌权执政的梁冀依然如故，毫无改变。梁冀总认为皇帝能够即位全靠他，而桓帝对不把自己放在眼里的梁冀开始感到愤怒。桓帝想改变自己朝不保夕的处境。可是，朝廷上下，宫廷内外，到处都是梁冀的亲信党羽，桓帝能说上话的只有身边少数几个宦官。一天，他趁上厕所的机会，把宦官唐衡单独拉进来，悄悄地问道：你知不知道还有谁痛恨梁家？唐衡回答道，据我所知还有单超、左倌、徐璜、具瑗。于是，桓帝把单超、左倌唤入密室，对他们袒露心声。单超等人表示愿意追随圣上，为国除奸。桓帝大喜，就跟他们密谋起来。恰恰在这时候，发生了一件让桓帝忍无可忍的事情。

和帝邓皇后的堂侄之子邓香与妻子宣生有一女名叫猛，是一个绝代美女。邓香早死，宣与梁冀之妻孙寿的舅舅梁纪再婚。孙寿见舅母宣带来的猛长得漂亮，就将她送进宫里，当了贵人。猛是邓香的女儿，自然姓邓。但是，孙寿要他改姓梁。她这样做是为了维持梁氏家族的权势，深受皇帝宠爱的猛必须保持梁姓。猛进宫后，果然受到桓帝的宠爱。这样，猛改姓梁这件事就得绝对保密。猛的姐夫邴尊反对猛改姓，梁冀担心他会泄密，就把他杀了。梁冀还是不放心，索性一不做二不休杀掉猛的母亲宣。梁冀派遣的刺客打算从宣的邻居家潜进去，在爬上邻居家屋顶时被发现。邻居原来是宦官袁赦的住宅，袁赦击鼓告急。宣感觉自己才是行刺的目标，慌慌张张逃进宫里，并向桓帝报告。这件事促使桓帝下决心铲除梁氏家族。

桓帝当机立断，派出单超等5个宦官，发动羽林军1000多人，突然包围了梁冀的住宅。梁冀知道自己的末日到了，便服毒自杀了。梁冀一死，他的家人和亲戚全都人心惶惶，朝廷上下梁冀的爪牙心腹300多人全部被撤了职，朝廷上的官员差不多一下子全空了。汉桓帝还下令没收了梁冀家的财产，官家拍卖合价30亿钱，这笔钱相当于当时全国一年租税的半数。单超、具瑗、唐衡、左倌、徐璜5人以功同日封侯，史称“五侯”。诛除梁冀及其党羽，对当时政治、社会都有好处，但从此以后，东汉政权为宦官垄断。

二、阉官得势把持朝政

汉桓帝除掉了梁冀，心花怒放，立即论功行赏，单超等人一天内都封为侯爵。依汉朝旧例，只有立过大功的人或皇家宗族子孙才可以封侯。

单超等人帮助桓帝铲除梁冀，并非出于忠君爱国、祛邪扶正的考虑，而是源于与梁冀的矛盾。当了宦官，生理上已经失去了原来的机能，成为一种特殊的人，心理上难免有一些自卑感。因此，当他们上台之后，出于一种特殊心态，作威作福、耀武扬威，把持朝政、安插亲信，搞得社会黑暗不堪，其胡作非为的程度一点也不比梁冀差。

太常杨秉为官正直，多次得罪单超。单超的弟弟单匡是济阴太守，因为有哥哥单超在朝中撑腰，便贪赃枉法、为所欲为。兖州刺史第五种（第五是姓）派从事卫羽将单匡的罪行查清，便上书弹劾。单匡见自己的罪证被别人抓住，怕告到朝廷中被皇帝怪罪，便派了一个名叫任方的武艺高强的刺客去刺杀卫羽。哪知道卫羽不光干练，而且还足智多谋、身怀武功，他知道单匡对自己会怀恨在心的，便加强了防备。当刺客任方半夜到他家中行刺的时候，卫羽早已布置了天罗地网在等候了。刺客受伤被捉，经过拷问，供出了主谋单匡，这一下单匡的罪名就更大了。可是单匡还是有办法，他买通了狱卒，让任方越狱逃走。尚书向太常杨秉询问罪犯潜逃的事情，杨秉说，任方只是一个普通的刺客．他逃与不逃没什么关系，只要将单匡逮到狱中加以审问就行了。

杨秉的话被单超听到，他来了个恶人先告状，向皇帝说，是杨秉私自将刺客任方放走了，杨秉和单匡不和，故意放走任方后再嫁祸于单匡。现在任方已经逃走，是死是活，没有对证，但是杨秉陷害忠良的罪名却不可饶恕。桓帝因为单超帮助自己除却梁氏有功，也不管单超说的话对不对，胡乱地将单匡的案子草草了断，杨秉被免官，直到很久后才被重新任命为河南尹。后来单超找了个罪名，将第五种发配到朔方，并暗中嘱咐押送的人在途中将第五种杀掉。单超的阴谋被第五种的下属孙斌知道了，他亲自率领一批侠客，将第五种救了出来带回民间偷偷地藏了起来，直到单超死后才敢向朝廷请求赦罪还乡。

永康元年（167 年），汉桓帝驾崩，却没留下一个子女。河间王刘开的曾孙刘宏被推举即位，这就是汉灵帝。汉灵帝即位时年纪很小，却是个荒淫无耻的皇帝，只知道吃喝玩乐，朝廷大权都落到宦官手里。灵帝身边有张让、赵忠等人担任中常侍，有“十常侍”之称。灵帝对他们极为宠信，常说：张常侍是我父，赵常侍是我母。十常侍不仅在朝廷上作威作福，还派他们的父兄子弟、姻亲宾客把持各地州郡，垄断财利，侵夺百姓。

汉灵帝整天醉生梦死，很快国库空虚，宦官给他出主意，在鸿都门外张贴榜文，公开出卖官职和爵位。此前也有过卖官鬻爵的事情，但一般只是为了征富人之钱，救国家之急。而汉灵帝卖官纯粹是为了满足个人私欲，卖官所得的钱，全都进了他自己的腰包。

汉灵帝定的“做官费”要价很高：年俸二千石的官位，标价2000万钱；年俸四百石的官位，标价400万钱。自朝廷公卿到地方郡县，所有官位都有明码实价。

尽管要价不菲，但花钱买官的还是大有人在。有个名叫崔烈的人出身北方望族，他想当朝廷三公，就送进500万钱，买了个司徒的职位。到了任职那天，宫廷举行隆重仪式，汉灵帝亲临殿前，百官肃立阶下。望着崔烈春风得意的样子，汉灵帝突然觉得这买卖做赔了，对随从亲信说，真后悔没有把官价再提高一些，那样就可以卖到上千万了！事后，崔烈的儿子对父亲说，大人实在不该当这个三公了。外面议论纷纷，都嫌这个官有铜臭味。“铜臭”这个典故由此而来。

像崔烈这么有钱的人毕竟是少数。汉灵帝又规定，一时付不出那么多钱的可以赊欠，但上任后要加倍付款。那些花钱买官的人，上任后当然要拼命地搜刮民脂民膏，汉王朝的黑暗和腐败算是到了家。老百姓实在没法活下去了，纷纷起来反抗，全国上下危机四伏。

第二节　政治昏乱　矛盾锋起

一、处士横议士　大夫崛起

士大夫阶层的形成有一个漫长的过程。它的第一次大规模出现也就是崛起，正是在东汉中后期。

士大夫是中国社会特有的产物，某些方面类似于古代印度的刹帝利，另一些又类似于欧洲中古世纪的僧侣教士。其历史悠久，商周时期是低级贵族阶层，一般受过六艺教育，能文能武，“士”是武官，“大夫”是文官。春秋时多为卿大夫家臣。战时充当低级军官，有的有“食田”，有的以俸禄为生，也有的参加农业生产。春秋、战国之际极为活跃，一般凭借其六艺知识，或从事政治活动或聚徒讲学，此后逐渐发展为士大夫。《荀子·强国》：“不比周，不朋党，倜然莫不明通而也，古之士大夫也。”《晋书·夏侯传》：“仆也承门户之业，受遇庭之训，是以得接冠带之末，充乎士大夫之列。”在儒家学派定于一尊之后的漫长岁月中，他们专指儒家知识分子，有时也笼统称为“读书人”，当然读的还是儒家经典。他们以做官为唯一职业。所以更精确地说，士大夫即担任政府官员的知识分子，包括现职或退休官员，和正在苦读儒书、将来有可能担任官员的人物。

西汉王朝为增加政府的新血统，仿效战国时代“招贤”的办法，命高级官员和地方政府推荐“贤良方正”“直言极谏”人士，政府中非贵族血统的官员群遂逐渐形成一个新兴的士大夫阶层。东汉王朝仿效西汉王朝，命高级官员和地方政府推荐“茂才”“孝廉”人士，于是政府中士大夫人数更为增加，而终于凝聚成一种力量。在这种情况下，“推荐”成为达到做官目的的唯一手段。而推荐标准，除了儒家学识外，还在于道德行为。在激烈的竞争下，必须有突破性声誉才能引起有推荐权者的注意。至于如何才能有声誉，那便需要出奇制胜。所以，每个知识分子都兢兢业业，追求突破纪录的至善。这便使东汉的社会风气有很大特殊之处，为后世所罕见。柏杨在《中国人史纲》中将其归纳为 5 类：长时期为父母服丧；辞让财产和官爵；尚侠尚义；廉洁；对恩主绝对效忠。虽然并不是每个人都能做到，但大家都竞争着或真或假地去做，还往往做得有声有色。后来又逐渐出现了门第、血统、家族观念，如杨震家 4 代出了 3 个宰相，袁绍家 4 代出了 5 个宰相。这种做法强固地维持士大夫阶层于不坠，直到 20 世纪初还在中国历史上普遍发生着影响。

东汉中后期，汉廷政治虽然腐败，但设立在首都洛阳的国立大学（太学）学生（太学生）却反而增加。老一代士大夫需要它训练下一代接班人，所以积极支持太学的扩充。汉质帝到汉桓帝时太学生已多达3万人。这些准士大夫——未来的官员们，与政府中已成为士大夫的现任官员交往密切。除了谈论儒家学派的五经外，他们不可避免地还会谈论到现实政治，对人物的赞扬或抨击形成了一种有影响力的舆论。跟外戚、宦官相比，士大夫具有更高层次的情操和抱负。外戚靠女人取得权力，宦官靠谄媚皇帝取得权力，而士大夫自称靠道德学问取得权力，所以他们在本质上就对外戚、宦官轻视鄙夷，再加上前二者确实犯下了太多的恶行，士大夫阶层遂注定要与他们发生冲突。这就是“党锢之祸”产生的根源和背景。

外戚、宦官主持朝政，有气节的士大夫必退归野外，这是中国历史上的一个规律。早在顺帝时，士大夫就曾毁裂冠带，避祸深山。到桓帝时，政治更加黑暗，许多知识分子逃到乡下或山林，或躬自耕稼，自食其力；或隐居讲学，苦身修节。表面看起来与世无争，其实反映的是他们对现实的失望和不满。当京城委人来征请他们入朝为官，替宦官政治歌功颂德时，他们宁死也不肯与权阉为伍，不但不应征，并进而指斥时政。《后汉书·党锢列传》称桓、灵帝之间，“主荒政谬。国命委于阉寺，士子羞与为伍，故匹夫抗愤，处士横议，遂乃激扬名声，互相题拂，品覈公卿，裁量执政，婞直之风于斯行矣”。与避居乡野或久居深山的耆年渊德者相对应的，是居于太学的年轻气盛的青年学生。他们有感于自己家世的零落和政治前途的黯淡，也对宦官当政感到怨恨。于是，以郭泰、贾彪等为首的一批学生领袖，一方面在太学中进行反宦官政治的组织和宣传；另一方面又吸收社会上有识有才者入太学以扩充自己阵容。因此，太学成了当时又一政治活动中心。中国年轻的知识分子第一次出现在政治斗争前沿。

二、宦官弄权党锢之始末

宦官独揽朝政以来，他们利用手中的政治特权谋取私利，侵占土地，扩展势力范围。这加深了人民的痛苦，激起人民强烈的反抗。官僚们也痛恨宦官把持政权，危害国家。官僚大都是世族地主，他们世代为官，经济基础雄厚，政治力量强大。如杨震四世为三公，袁安四世五人为三公，门生故吏遍布全国，权势倾天下。这些官僚集团以“清流”标榜自己，对宦官其门徒的“浊流”是看不起的。

早在东汉初年，刘秀注意整顿吏治，他利用兴办学校和乡堂里选等方式，培养和选拔地主阶级的子弟进入各级政权机构。这样，就为儒生的入围大开方便之门。顺帝时修起太学，儒生数量发展很快，到质帝时太学生人数已增至三万多人。各地儒生数量更多，在郡国和私人精舍中就学的人数，至少也有七八万人。这些儒生中有豪家世族的子弟，更多的是中小地主阶级的子弟，他们是官僚的后备军。

到了东汉中叶以后，外戚、宦官轮流专权，他们任人唯亲，裙带成风，使官吏选举制度更加流于形式。河南尹田歆奉命选举6名孝廉，实际上早已内定5名，所以当时人说："今之进者，惟财与力。"在选举制度败坏的情况下，也就出现了这样一些官吏："举秀才，不知书；察孝廉，父别居。寒素清白浊如泥，高第良将怯如鸡"的现象。宦官掌权时，他们的"子弟亲戚，并荷荣任"的现象更为严重，这就更加堵塞了儒生求官的道路。因此，加深了儒生同宦官的矛盾。

桓帝永兴元年（153年），朱穆任冀州刺史，惩除贪官污吏和权贵。他又以宦官赵忠葬父僭越规制为由，挖坟剖棺查实并逮捕其家属治罪。桓帝闻讯后大怒，反将朱穆判作苦役。因此，引发了中国历史上第一次大规模的学生请愿运动。太学生刘陶等数千人到宫廷向桓帝上书请愿，为朱穆喊冤。他们指责宦官颠倒是非，滥用职权。但朱穆忠心忧国，深谋远虑，是难得的贤臣。如非要判刑，则我等愿代他受刑服苦役。桓帝只好赦免了朱穆，第一次请愿算是结束了。

桓帝延熹五年（162年），皇甫规平服羌族叛乱有功，因宦官徐璜、左倌向其敲诈贿赂没有成功，反诬他侵没军饷，判其服刑苦役。于是，太学生张风等300余人又发起第二次请愿运动，他们向宫廷上书为皇甫规鸣冤，皇甫规因而得以赦免。处士的横议与太学生的抗愤，给一批中下级正直官吏在精神上和舆论上以极大鼓舞，他们也刚正执法，制裁宦官及其亲朋。在朝中下级官吏和太学生三股力量平行发展，交相呼应，遂形成了反宦官斗争的政治高潮。

这场斗争的首领人物就是出身中下层官吏、后官至太尉的陈蕃，司隶校尉李膺等。桓帝初，李膺为司隶校尉，宦官张让的弟弟在其属下任县令，贪残暴虐，为躲惩治，逃到张让家里藏起来。李膺不畏宦官权势，亲自率人到张让家将其搜捕法办。张让向汉桓帝诉苦，李膺据理驳斥，桓帝只好判李膺无罪。此后宦官一度收敛，李膺声望更高。当时人们若受到他的接待，则称作“登龙门”。

官僚、儒生集团的斗争，给宦官以很大的威胁。因此，宦官集团寻机进行报复。延熹九年（166 年），宦官集团对党人发动了一次大规模的迫害活动，其导火线是张成事件。

当时，有个方士名叫张成，占卜之后，当众推断不久后皇上要大赦天下。他怕人不信，居然叫他儿子去杀人，以便日后验证。待李膺拘捕了他儿子之后，果然有赦令下达。李膺更加愤怒，就按律杀了他儿子。谁也没能料到，就是由于这么一件事，从此引发了历史上有名的“党锢之祸”。

张成以方术结交了不少宦官，连汉桓帝也很相信他的占卜。他有个弟弟叫牢修，便上书诬告李膺结交太学生，共成一党，诽谤朝廷。汉桓帝自从依靠宦官力量翦灭了梁冀之后，日益荒淫，这次更是不辨是非，下令逮捕李膺，并株连 200 多个太学生。

李膺等人入狱，并没能封住朝野之口。因为宦官专权，实在不得人心。城门校尉窦武是窦皇后的父亲，与太学生有些交情。太学生贾彪劝说他出面营救，窦武也对宦官擅权不满，便与尚书霍谞联合上书。汉桓帝释放了李膺等“党人”，遣送他们各自回到老家，禁锢终身，不准回到京师。这是历史上第一次“党锢之祸”。

第一次“党锢之祸”后，李膺等人获释，“党人”声誉更加高涨。“党人”虽然被罢官归田，不得为官，但他们却得到了比当官更为荣宠的社会敬仰。范滂出狱归乡，家乡人迎接他的车多达数千辆。名将皇甫规乃西部豪杰，将自己未能列名党人是一种耻辱。他们共相标榜，以“天下名士”为称号，以窦武、陈蕃等为三君，以李膺、王畅等为“八俊”，以郭泰、范滂等为“八顾”，以张俭、刘表等为“八及”，以度尚、张邈等为“八厨”。这种相互激励，使士大夫与朝廷权宦们的对立情绪更为强烈，斗争不但没能使党人屈服，反而更能激发他们的斗志。

第一次“党锢之祸”后不久，桓帝病死，由于汉桓帝没有子嗣，汉桓帝皇后窦氏立年仅12岁的刘宏继位，是为灵帝。窦武成为大将军。窦武，字游平，是扶风平陵人。延熹八年（165年），其长女入宫为桓帝的贵人，不久立为皇后，窦武也成为外戚。他为人比较清廉，还经常把得到的皇家赏赐或散给太学诸生，或购买粮食施舍给贫民。他反对宦官集团把持朝政，因此支持党人。灵帝即位后，他马上任用陈蕃为太傅，并重新任用了一些名士。

这时曹节、王甫等宦官势力日益膨胀，也愈加腐朽荒淫。侯览、曹节、王甫等人与灵帝乳母及诸女尚书，相互奸姘，秽乱宫廷，操弄国柄。这引起了陈蕃的不安，他曾上书窦太后要求铲除宦官，但是没有被采纳。陈蕃秘密地去拜会窦武，他说，中常侍曹节、王甫等，从先帝以来就操弄权柄，使海内混乱。现在要是不诛杀这些宦官，以后国家就没有什么希望了。窦武认为陈蕃说得非常正确。

士大夫集团准备就绪开始动手了。他们先是拿一些权位轻微却恶行昭著的宦官开刀，诛杀了管霸、苏康等人。接着，窦武奏报太后，请求诛杀曹节等大太监。窦太后犹豫不决，事情便拖了下来。

建宁元年（168年）八月，窦武逮捕宦官郑飒拷问，郑飒在供词中牵连郑节等人。窦武决定乘此机会，彻底铲除宦官。他命人写好奏章后呈送太后。不料，管奏章的宦官把奏章送给了朱瑀。

朱瑀也是个宦官，他看了窦武的奏章后，召集了一些宦官，公布了窦武的奏章。宦官们一齐大骂窦武、陈蕃，推举曹节为头，歃血为盟。先控制住汉灵帝，接着去抢窦太后的玉玺，假传诏命，派人逮捕窦武。窦武情知有变，拒不受诏，跑到步兵营，召集北军数千人在都亭下聚集；宦官王甫鼓动宫中的虎贲军、羽林军千余人进行抵抗。两军在皇宫前对阵，结果窦武带领的北军逐渐瓦解，纷纷投降。

窦武见大势已去，纵马逃跑，王甫带领着士兵紧追，窦武走投无路，为了不受被宦官折磨的痛苦，只好自杀。王甫割下了窦武的头颅，挂在洛阳都亭上示众。

在王甫发兵攻打窦武时，陈蕃才得知兵变的消息。于是他带领 80 多人闯进皇宫的承明门，正好碰上王甫，王甫下令逮捕陈蕃。这位 70 多岁的老人，拔出宝剑，吓得王甫的党羽不敢靠前，王甫又集结了若干人，把陈蕃围了十几层，才把他抓住杀了。

窦武兵败自杀后，窦太后被软禁。陈蕃的家属被流放，门生、故吏也都被免官或禁锢。郭泰知道陈蕃的死讯后非常悲痛，次年，42 岁的郭泰郁郁而终，一千多士人为他送葬，蔡邕为其撰碑铭后说：他撰的碑文中只有郭泰的碑铭“文副其实”。陈蕃、窦武的失败，是对士人官僚的巨大打击，宦官再度掌握政权。

建宁二年（169年），第二次党锢之祸再起。此次的起因，是山阳郡东部督邮张俭上书，控诉中常侍侯览及其家人在山阳郡属县防东残害百姓。结果引起了侯览的忌恨，指使张俭乡人上书告发张俭“与同郡二十四人为党”，再次开始对党人的搜捕。于是，李膺、范滂等百余人被逮捕死于狱中，张俭外逃出境才得以幸免。但在他外逃途中曾冒死掩护帮助过他的许多人被官府沿途追查，成百人受牵累而家破人亡。

宦官又将天下豪杰及儒学有行义者皆指为党人，大肆迫害。事情至此并未结束，熹平五年（176年）永昌太守曹鸾上书为党人讼冤，认为禁锢党人使灾异屡见，水旱并至，应该解除禁锢，以慰天命。曹鸾上书本是好意，哪知皇上龙颜大怒，不但不听劝谏，反将曹鸾拘捕，曹鸾不堪忍受宦官的折磨，不久便死于狱中。

汉灵帝又下诏各州郡，重新调查党人门生故吏，父子兄弟在位者，全部免官禁锢，波及五属。这就是第二次“党锢事件”。这次事件打击面更宽，惩治也更残酷。自此以后，士人忌口，万马齐喑，有气节的知识分子几无遗类，社会陷入一片黑暗和混乱之中。

第六章

政权交替

——两汉四百年的终结

汉灵帝即位后怠于政事，想尽办法寻欢作乐，使老百姓处于水深火热之中，终于引起了燃遍全国的农民起义，其中规模最大，对东汉王朝打击最大的是黄巾起义。但是最终黄巾起义被镇压，汉朝在名义上又延长了 36 年。董卓掌权后废掉少帝刘辩，另立陈留王刘协为皇帝，史称献帝，刘辩也被称为汉废帝。后来，董卓被杀，东汉陷于军阀争斗之中。汉献帝刘协虽然名为皇帝，但却一直处于军阀的控制之中。在军阀混战之中，曹操、孙权、刘备经过不断厮杀和妥协逐渐形成了三足鼎立的局面。汉献帝刘协虽然有所抗争，但无奈手无实权，只有任从曹氏的摆布。曹魏文帝黄初元年（220 年），曹丕迫使刘协让位，东汉王朝终于灭亡。

第一节 黄天当立 八州并起

一、苦难深重 黄巾起义

从和帝以降至东汉末，水旱虫蝗及时有发生的地震灾害，严重影响广大农村地区及编户民的生活。沉重的赋役、无情的疾疫、蔓延的饥荒，迫使安土重迁之百姓到处流亡。桓帝永兴元年（153年），有32个郡国遭受蝗灾，加上水灾，百姓饥穷，流落四方者有数十万户之多。仅在桓灵二帝时水灾就有13次之多，旱灾6次，农民眼睁睁地看着庄稼颗粒无收，而统治阶级的剥削和敲诈却不减少。广大农民倾家荡产，四处流亡，全国各处出现了“地广而不得耕，民众而无所食”的凄凉景象，甚至有的地方出现了人吃人的现象。

走投无路的流民，为谋生路而暴动。据不完全统计，从安帝到灵帝各地发生规模较大的起义达60多次，起义风起云涌，接连不断。安帝永初三年（109年），就有“海贼”张伯路领导流民数千人，辗转于沿海九郡。顺帝时，广陵人张婴领导流民，在徐、扬一带举行暴动，时起时伏，前后达十余年之久。桓灵时，从幽燕到岭南，从凉州到东海，都有流民暴动，暴动规模也从几百人、几千人扩展至几万人、十几万人。正如当时民间流传的一首歌谣：发如韭，剪复生。头如鸡，割复鸣。吏不必可畏，小民从来不可轻。

在全国各地爆发的起义中，黄巾大起义规模最大，对朝廷打击最重，影响也最为深远。

黄巾军最早的领导人是巨鹿张氏三兄弟，老大叫张角，老二是张宝，老三为张梁。张角精通医术，平时和百姓接触较多，尤其是对穷人从不收出诊费，所以有广大的群众基础。他认真分析了当时的国内形势，知道农民深受地主豪强的压迫剥削，渴望过上太平的日子，便在这种形势下创立“太平道教”。“太平道”是一种早期的地方土生宗教组织，与道家思想有渊源关系。其核心是得道、修道，以此来摆脱现实的苦难。因此，很快就吸引了大量在现实生活中到处碰壁而又无路可退的人们。张角自称“大贤良师”，招收了一些弟子，并让他们到各地宣传，利用符水治病传教，联合更多农民，培养更多教徒，不断扩充自己的势力。

太平道组织迅速蔓延至青、徐、幽、冀、兖、豫、荆、扬八州（包括今江苏、浙江、江西、安徽、山东、湖南、湖北、河南、河北等广大地区），渐成燎原之势。

大约花了10年时间，张角将遍布全国诸大州的数十万信教群众秘密组织起来，分成36方，小方六七千人，大方约万人，每方都有自己的首领（称为“渠师”）。“岁在甲子，天下大吉”，他们约定在甲子年三月初五全国各地同时起义，并打上“苍天已死，黄天当立”的口号。“苍天”指的是当时腐朽的东汉王朝，“黄天”是指太平道。各地公共场所，城墙上、城门上，到处出现“甲子”的字样，人心振奋。

在起义前一个多月紧张的筹备阶段，太平道内部出现了叛徒。唐周向政府变节告密，事机泄露。不久后，负责首都洛阳联络工作的马元义被捕并牺牲，遭受车裂极刑，另外还牵连一千多群众惨遭杀害。面对突发事件，张角兄弟决定提前起义。各方首领接到张角的命令后，也在各地纷纷发动起义。起义军头裹黄巾作为标志，称“黄巾军”，这次起义也就叫作黄巾起义。张氏兄弟随后各自封了将军，张角为天公将军，张宝为地公将军，张梁为人公将军。各地义军进攻的首选目标便是当时统治者聚集的郡县。他们烧官府，开粮仓，杀贪官，攻打豪强坞壁，没收官吏、豪强的钱财，释放囚犯，给东汉政府来了个措手不及。旬日之间，天下响应，气势浩荡。

全国各地正受义军进攻和面临危险的郡县，纷纷把告急文书递到京城。汉灵帝慌了，马上召集文武官员商量。朝廷一片混乱，不知如何是好。统治阶级惊恐万状，一方面急忙颁布大赦令，赦免了原来因反对宦官被禁锢的士人、官吏，以团结统治阶级内部力量，共同对付农民起义军。另一方面封外戚何进为大将军，布置京师洛阳的防务；并派遣皇甫嵩、朱儁、董卓、卢植等将领，兵分几路对各地黄巾军进行镇压。但是，面对这么大规模的全国性农民起义，单靠灵帝派出的几路人马，根本抵挡不住义军如狼似虎的进攻，官军损失严重。何进无奈之下，不得不建议灵帝下诏书，允许地方各州县招兵买马共同镇压黄巾军。

义军作战非常英勇，士气高涨，“旬日之间，天下响应，京师震动”，而且战果颇丰。起义军的主力集中在冀州、颍川和南阳三个地区，矛头直指东汉首都洛阳，冀州地区的起义军不但活捉了东汉宗室安平王刘续和甘陵王刘忠，而且还杀死了幽州刺史郭勋，占据了广宗（今河北威县东）和下曲阳（今河北晋州市西）等地，打败了由北中郎将卢植和东中郎将董卓先后率领的官军。南阳地区的起义军在张曼的指挥下，攻下了郡治宛城，杀死了南阳太守褚贡。颍川地区起义军在波才的指挥下，打败了右中郎将朱儁、左中郎将皇甫嵩和太守赵廉。

尽管起义军把官军打得狼狈不堪，但是由于缺乏作战经验，大多数将领都不具备军事领导才能，因此他们的某些失误或疏忽很可能会招致无可挽回的损失，甚至可能会是致命的打击。

一天夜里，一支起义军行至一个草密的场地，连日的作战早已使将领和士兵都疲惫不堪，正欲在此趁着夜色和长草隐蔽稍作休整。没想到被皇甫嵩派来的追兵发现，他们当即放火奇袭。当夜刚好又是大风不止，顿时义军队伍慌乱不堪，加上朱儁、曹操又合兵攻击，使这支起义军队伍很快被镇压，全部倒在血泊中。这次突袭是双方交战的转折点，此后起义军不断受挫。很快，南阳、颍川和冀州等地起义军也被镇压下去。

尤其不幸的是，黄巾军首领张角由于常年劳累交加，在最关键的时刻病逝。张梁、张宝先后战死，导致义军缺乏强有力的指挥，在中央和地方两批武装的镇压下，起义坚持了 9 个月，最后主力基本被消灭，但是各地零星余部仍坚持战斗和抵抗了 20 余年。这场中国历史上第一次利用宗教形式，有组织、有准备的大规模农民战争，给腐朽的东汉王朝以沉重打击，破坏和瓦解了封建统治秩序，国家陷入一种无序混乱的状态，濒临覆灭的边缘。

二、东汉衰落董卓专权

中平六年（189 年），灵帝殁，少帝刘辩即位，何太后临朝，太后兄大将军何进秉政。黄巾军起义时，何进任大将军，势力相当大。中平五年（188 年），灵帝为了加强守护京师的力量，组建一支新军，立统帅部、置八校尉。以宦官蹇硕为上将校尉，统率其他校尉，袁绍为中军校尉，是副统帅，曹操也是八校尉之一的典军校尉。灵帝一死，以蹇硕为首的宦官集团和以何进为首的外戚集团立刻展开了决战的架势。

灵帝临死前，他把小儿子刘协托付给自己的心腹蹇硕，让他拥立刘协为帝。灵帝的长子是刘辩，为何皇后所生，而且灵帝在世时他就已经被立为太子。蹇硕心里很清楚，要想废长立幼，首先就得除掉何进。于是，蹇硕在汉灵帝的灵柩四周密布伏兵，准备等何进入殿拜祭时，乘机将其杀死。不料何进事先得到消息，拥兵入宫，升朝议政，宣布由刘辩即位，史称汉少帝。这一年刘辩才 14 岁，按照惯例，由何皇后以太后的身份临朝听政，何进与太傅袁隗辅政，负责军国事务。刘协被封为陈留王。

蹇硕还不死心，又暗中与宦官们商议捕杀何进。机密再一次泄露，何进指派他的几个心腹担任黄门令（皇宫的看门人），趁蹇硕入宫时把他逮捕并处死，他所掌管的禁军落到了何进手里。

在禁军中担任中军校尉的袁绍是著名大士族的后代，祖上四代都做过朝廷的大官，门生故吏遍天下，势力很强大。他劝何进趁势把宦官势力彻底除掉，何进不敢做主，去跟太后商量，太后说什么也不答应。袁绍又给何进出了个主意，让他调外地的兵马进京，迫使太后同意除掉宦官。何进觉得这是个好办法，他权衡再三，觉得西凉刺史董卓兵力雄厚，找他帮忙错不了，便派人给董卓送了一封信，叫他火速带兵进洛阳。

这个消息很快传到宦官耳朵里，他们聚在一起商量，就在皇宫里埋伏了几十个武士，假传太后的命令，召何进进宫。何进不知道是怎么回事，带着袁绍来到皇宫。他让袁绍在外边等候，自己一个人进去了，刚一迈进宫门，便被宦官们围住用乱刀砍死了，又割下他的头扔到门外。

袁绍一见怒不可遏，立刻命令他弟弟袁术攻打皇宫。宦官们禁闭宫门，一时攻不进去，袁术性急，干脆放了一把火，把皇宫的大门烧了，然后带领大批兵士冲进宫里，不分青红皂白，见了宦官就杀。有的人不是宦官，只是因为没有胡须，也被错认为宦官杀了，死者两千余人，宦官势力从此被彻底清除。

何进要对宦官捕杀殆尽，执意引进董卓，带来无穷祸害。何进引进董卓并非出于本愿，而是形势所逼。董卓的为人京城无人不晓，何进的部下也都力劝他千万不能让董卓进入京师，这样做等于是引狼入室。何进死后不久，董卓率军队进入京师。

董卓字仲颖，陇西临洮人。董卓小的时候好行侠仗义，臂力超群，能骑马驰射，左右开弓。汉桓帝末年，董卓任军中司马，征讨并州时立功而被封官为郎中，董卓将赏赐分与部下，得到了部下的拥护。后又分别担任广武县令、并州刺史、河东太守，黄巾起义开始后，他奉命攻击黄巾军，但是却被黄巾军打败，讨伐黄巾军失败之后董卓被罢官并调往西凉。又先后担任前将军，任并州牧，统领六支军队。

董卓收到何进的信件后，意识到自己等待已久的机会终于来临了，于是整顿兵马，向洛阳进军。洛阳城内发生政变时，董卓的军队已经离洛阳城不远了。他远远地望见洛阳方向火光冲天，于是挥兵急进，天还没亮的时候，董卓的军队已经来到城西，听说少帝在北边，董卓就与大臣们一齐到北芒山下奉迎少帝。

董卓见少帝无能，觉得陈留王刘协聪慧，而且又是董太后养大的，他认为自己与董太后同族，于是废掉少帝刘辩，让刘协为帝，就是献帝，自任太尉，把持朝政，此时的东汉王朝只剩下一具空壳。

董卓是个非常残暴的家伙。他掌权后，为所欲为，对人民一味掠夺残杀，破坏性很大，经常纵兵抢劫财物，掳掠妇女，所到之处，鸡犬不宁，整个洛阳一带陷入一片恐怖之中，人人自危，董卓的种种暴行引起了人民的强烈憎恨。

初平元年（190 年），渤海太守袁绍，联合后将军袁术，冀州牧韩馥，豫州刺史孔伷，兖州刺史刘岱，河内太守王匡，陈留太守张邈，东郡太守乔瑁，洛北相鲍信以及曹操等地方实力派起兵讨伐董卓。董卓不敢应战，便挟持献帝，迁都长安。

到长安以后，董卓得寸进尺，强迫皇帝封自己为太师，将太师的位置高居于三公之上。还封自己的弟弟为左将军，封侄子董璜为中军校尉。这样一来，董卓觉得军政大权都在自己一家人的手中，可以高枕无忧了，便开始变本加厉地作威作福起来，做了许多令人发指的事情，惹得朝廷上下天怒人怨。董卓用从洛阳逃走时掠夺来的钱财，在离长安两百多里路的地方建了一个郿坞，坞堡的墙和皇家的规模一样，高和宽都是七丈。坞中藏的粮食可吃 30 年，其他用品一应俱全，还有重兵保护。他得意地对手下的人说，有这个地方，我如在天下得以称雄。即使不能称雄天下，也可以在这里面安度晚年了。董卓处理朝政，自己想去就去，不想去的时候，就让朝廷的大小官员们到太师府来汇报。

董卓生性极为残忍。有一次，他要到郿坞去，临行时，文武大臣们都到城门外面送行，在横门外设下酒宴，举行了盛大的宴会。正逢边将们送来两百多个俘虏，董卓命令士兵将俘虏的舌头先割下来，然后再斩手足，挖双眼，最后抬出大锅来，将俘虏们整个地扔进大锅中烹煮。参与宴会的大臣们一个个吓得目瞪口呆，谁也不敢去喝酒吃菜，只有董卓谈笑自如。

董卓的倒行逆施，激起了朝中有正义感的大臣们的共愤，许多人都在筹划着要刺杀董卓。可是由于董卓防范严密，总是不能得手。司徒王允从一开始就深谋远虑，他知道想要除掉董卓不是件轻而易举的事情，要有周密的谋划才行。所以他将自己隐藏得很深，平时在处理朝政的时候，也是经常为董卓出一些好主意，得到了董卓的信任。经过长时间观察，王允认为，董卓性情粗暴，动不动就对部下发火，一发火就要杀人，这是他性格中的弱点，而董卓身边的贴身护卫吕布是最好的争取对象。恰逢吕布因事得罪董卓而被斥，心生嫌怨。王允乘机拉拢吕布，劝说他杀掉董卓，为天下除害。初平三年（192 年）四月，献帝大会群臣于未央殿。吕布密令同乡李肃带勇士十余人扮成卫士埋伏于朝门内。董卓刚一进门，李肃一戟将他刺下车来，吕布随即将董卓刺死。消息传出，长安士卒百姓无不兴高采烈，“士卒皆称万岁，百姓歌舞于道。长安中士女卖其珠玉衣装市酒肉相庆者，填满街肆”。董卓体态肥胖，人们点火置其脐中，以发泄愤恨。董卓死后，其部将李傕、郭汜等在关中相互厮杀，长安城附近居民或死或逃，行旅断绝。

第二节 军阀割据 各霸一方

一、割据混战 孟德起兵

黄巾起义后，各州刺史陆续改为州牧，刘焉在这一过程中起到了推波助澜的作用。他雄心勃勃，富有心机。原来，州刺史只是个监察官，无兵权也无治民权，不属于行政官吏之列，也不是地方一级行政机构。刘焉瞄准机会，向朝廷建议将刺史改成牧，名义上是加强中央对地方的控制，实际用意是要割据一方，发展私人势力。由于益州是块“有天子气”的地盘，因此，刘焉就主动要求去益州做了州牧。州牧与刺史不同，拥有领兵治民之权，成为事实上的地方一级政权机构。当然，刘焉只不过是始作俑者，其他的明眼人看得非常清楚，都想方设法攫取州牧一职，以乘机扩大权力和武装力量。与刘焉同时被封为州牧的还有黄琬，被任为豫州牧，刘虞被任为幽州牧。这样，东汉统治者本来是想通过加强地方实力来巩固统治，结果却事与愿违，不但没有起到预想的作用，反而加速了自己的灭亡。各地州牧借镇压黄巾起义为名，趁机发展私人势力，这便在军事上形成了内轻外重的局面，为军阀混战局面埋下了隐患。

曹操响应袁绍号召起兵讨董卓时，得到当地一个大地主卫兹的帮助。卫兹为人正直，家里有很多财产，对董卓乱政非常不满。当他听说曹操起兵反董，非常高兴，慷慨拿出很多钱和粮食来支持曹操招兵买马。这个消息很快传开，不少对董卓不满的中小地主带着他们的子弟来投奔曹操。不久，曹操的同乡好友夏侯惇、堂弟曹洪也闻讯带来一批人参加。曹操的队伍越来越壮大，很快就聚集了5000多人马。

曹操本姓夏侯，字孟德，小名阿瞒，沛国谯郡人，出生在一个大官僚地主家庭，是家中的长子。因其父曹嵩乃是中常侍曹腾之养子，故改姓曹。也因这种关系，曹操自幼便有机会接触官宦子弟。

曹操20岁那年，当上了洛阳北部尉。由于他严格执法，得到了“不避豪强”的名声。宦官对他又恨又怕，后来，把他调出洛阳，去当一名县令。黄巾起义的时候，汉灵帝封曹操为骑都尉，派到颍川（今河南禹县）一带镇压起义，他打败了波才领导的黄巾军。东汉王朝认为他作战有功，他被提升为济南相。

初平三年（192年），曹操收降了黄巾军30余万，以其精锐部分组成青州兵。这成为曹操争雄的重要凭借。一些豪强如许褚、李典等，先后率领宗族、部曲、宾客，追随曹操。建安元年（196年），曹操把汉献帝迎到许县（今河南许昌东），取得“挟天子以令诸侯”之地位，扩大了政治影响。他在许县及其他地方进行屯田，积蓄军资，巩固军事势力。在陆续消灭黄河以南许多割据势力后，隔黄河而与袁绍相抗衡。两个青年时代的朋友，终于兵刃相向，以战争来争雄天下。

建安五年（200年），曹操在官渡（今河南中牟）以少胜多，大败袁绍，为统一北方奠定了基础。

官渡之战后，曹操利用袁绍子袁谭、袁尚兄弟间的矛盾，占领冀州、青州、并州、幽州，统一中原。建安十二年（207年），曹操出军卢龙塞（今河北喜峰口），打败与袁氏残余势力勾结的乌桓蹋顿单于，彻底平定北方。

建安十三年（208年），曹操挥军南下，占领荆州后，准备一举消灭刘备与雄踞江东的孙权，统一全国。孙权属下多望风畏惧，规劝孙权投降。鲁肃、周瑜力排众议，主张联合刘备，共同抗击曹操。孙权确定抗敌大计后，命令周瑜、程普为左、右都督，各自率领万人，溯江而上，与刘备军会合，至赤壁（今湖北赤壁市西北）与曹军相遇。当时曹军近30万人，孙刘联军约5万。孙刘联盟的形成，对赤壁之战的胜负是有重要意义的。

时值隆冬，北军初到南方，不服水土，遭遇疾疫。初次交战，曹军失利，锐气受挫。周瑜部将黄盖献火攻之计，诈降曹操。十一月，黄盖率艨艟斗舰十艘，载满用膏油灌浸的柴草，上蒙布幕，假称投降，向曹营进发。接近曹营时，命令各舰点火，火借风势，风助火威，顷刻间曹军水营淹没于火海之中。不久，火势又蔓延到岸边大营。此时，孙、刘联军水陆并进，曹军大溃，人马被烧、溺而亡者不计其数，曹操慌忙败退。曹操在败退途中，遭遇刘备军截击，加之道路泥泞，兵士自相践踏，死者甚众。

赤壁之战是一次以少胜多的著名战役。赤壁战后，孙权保住了江东、占据江夏（今湖北新洲西），刘备乘机占有长沙、零陵、桂阳（今湖南郴州）、武陵（今湖南常德）四郡，曹操退回北方后仍占据江陵（今湖北江陵）、襄阳（今湖北襄阳）。曹操势力后来退出江陵，但仍据有襄阳。从此三分天下之局面初步形成。

二、汉魏禅让刘氏落幕

自从建安元年（196 年），曹操将汉献帝迎至许县后，汉朝就已名存实亡。但曹操为了“挟天子以令诸侯”，始终没有取而代之。不过到建安二十一年（216 年），曹操已被“封”为魏王，第二年汉献帝又“命”他使用皇帝的仪仗，离真正当皇帝仅一步之遥。可惜曹操在建安二十五年（220 年）正月病死。登基称帝只能由其子曹丕来完成了。

首先是一系列“祥瑞”的出现，而且是从曹操的故乡谯县（今安徽亳州）开始的。据说早在熹平五年（176年），黄龙曾出现在谯，太史令单飏预言这里“后当有王者兴”，50年内黄龙会再现。当时一个名叫殷登的人记下了他的话。隔了45年以后，谯果然又出现了黄龙，殷登作为见证人宣布单飏的话应验了。四月，饶安县（今河北盐山西南）上报见到了白雉。以后这类报告不断，如八月石邑县（今河北获鹿东南）报称有凤凰降临。

六月，曹丕率大军南征。其实当时并无军事上的需要，曹丕也并不真想进攻孙权，所谓南征只是为禅让做铺垫而已。七月，军队到达谯县，曹丕在城东宴请当地父老和全军，并下令免除谯县两年的赋税。经过数月的巡游，曹丕于十月回到离许都不远的颍阴县曲蠡（今河南许昌一带），却没有进入首都。

这时，左中郎将李伏上书，公布了他多年保守的秘密，证明近来出现的祥瑞正是应在曹丕身上。这位李伏原是张鲁的部下，他说，当年在汉中听说汉献帝将魏国封给曹操，大家都以为必定封为魏王。可是姜合却说，肯定封魏公，现在还不便称王。定天下的是魏公子桓（曹丕的字），这是神的旨意，符谶上说得很明白。张鲁问姜合根据何在，姜说：这是孔子《玉版》上的话，皇帝的历数，就是一百代以后的事也能预知。一个多月以后，果然有人送来了写着这些话的册子。姜合以后归顺曹氏，病死在邺城。李伏认为，我已将此事告诉了很多熟悉的人，但考虑到时机没有成熟，不敢公开。您任魏王后一次次出现祥符，每次庆贺时我都想说明真相，但怕别人说我是讨好您。况且我原是张鲁部下，归顺的时间不长，说错了罪更大，所以一直忍着。现在祥瑞并呈，天意已经很明白，我心情无比激动，谨上表报告。曹丕下令公布于众，又说自己德薄，实在不敢当，这是“先王至德通于神明”的结果。

于是刘廙、辛毗、刘晔等一批大臣上书，引经据典地证实李伏所称预言的正确性。

眼看舆论造得差不多了，太史丞许芝正式向曹丕报告了魏代汉的谶纬。他首先根据最权威的《易传》所说“圣人受命而王，黄龙以戊巳日见”，而最近一次发现黄龙正是七月四日戊寅，应该是帝王受天命最明确的预兆了。此外，麒麟等神兽在这时节的出现都是符合《易传》记载的典型祥瑞。

接着他又引证了大量谶纬书籍中的记载和名人的言论，说明汉朝气数已尽，魏代汉是早已安排好的天命。如《春秋汉含孳》说“汉以魏，魏以征”;《春秋玉版谶》说“代赤者魏公子”;《春秋佐助期》说“汉以许昌失天下”“汉以蒙孙亡”；故白马令李云说“许昌气见于当涂高，当涂高者当昌于许”；等等。这些话有的是直截了当，有的却要做一番解释。如所谓“当涂高”，是指当着大道的高大建筑物——象魏（或魏阙），暗含一个魏字。“蒙孙”据说是指汉朝第二十四代皇帝，或者说是指以非嫡嗣身份即位的皇室后代。而汉献帝非皇后所生，又是汉朝的二十四代，汉朝注定是要亡在他手里的。而《孝经中黄谶》和《易运期谶》的记载就更绝了：“日载东，绝火光。不横一，圣聪明。四百之外，易姓而王。”按汉隶的写法，曹字的上半部正是东字缺下半部（火字），下半部是个日字，符合“日载东，绝火光”；不字加一横正是丕，说明继承汉朝 400 年天下的只能是曹丕了。“言居东，西有午，两日并光日居下。其为主，反为辅。五八四十，黄气受，真人出。”“鬼在山，女禾连，王天下。”许昌要发生君臣易位，取代者为魏（汉隶的魏字右边鬼字下有一山字），是再清楚不过了。至于“四百之外”和“五八四十”，根据许芝的解释，上天安排帝王易姓的周期本来是 720 年，但有德的朝代可以延长到 800 年，无德的只能有 400 年。汉朝已经有 426 年了，如果从春秋时麒麟出现作为新周期的开始就有 700 多年了，已经到了“四百之外”。而天上太微垣黄帝星（代表魏国）变得明亮，赤帝星（代表汉朝）却经常见不到，已经有 40 年了。星象变化的种种迹象表明，改朝换代的时间已到。

这位太史认为，历史上圣人出现时的祥瑞不过一两样，而曹丕即魏王位后的祥瑞简直不胜枚举：黄龙、凤凰、麒麟、白虎、甘露、醴泉、奇兽无所不有，是自古以来最美好的。而岁星已出现在大梁的范围，正是魏的分野，与当年周武王伐纣、汉高祖入咸阳时出现的星象相似。作为史官，将如此重要的图谶和天象上报，是应尽的职责。

谁知曹丕竟断然拒绝，他指出，当年周文王占有天下三分之二，还向殷朝称臣，得到孔子的赞叹。周公实际行使了君主职权，完成使命后还是归还给成王，备受称颂。我的德行虽远不如这两位圣人，但怎么能忘记“高山仰止”的道理呢？我只是生逢其时，有幸继承先王留下的事业，但还没有使天下都受到恩泽。虽然已经尽力来救济魏国的百姓，但还有受冻的人，还有人吃不饱肚子。我睡梦中都感到担忧恐惧，不敢稍有懈怠，只求能够像现在这样平平安安地终老，使魏国得到保全，使我死后见到先王时感到没有辜负他的托付。我的愿望和志气都有限，只要能守成就行了。尽管祥瑞屡次出现，只能增加我的不安。像许芝这些话，使我心里害怕，手发抖，字都写不成，意思也表达不清。我一心打算辅佐汉室治理天下，功成后交还政权辞官回乡。

可是大臣们似乎根本不理会曹丕的态度，侍中辛毗、刘晔，散骑常侍傅巽、卫臻、尚书令桓阶、尚书陈矫及给事中、博士骑都尉苏林、董巴联合上书，引用《易经》等经典，列举形势，证明天意不可抗拒，请求曹丕“急天下之公义”，“宣令内外，布告州郡”，使全国都知道上天的旨意和自己的谦让态度。

曹丕再次予以拒绝，要求百官立即停止这类建议，以免自己死后遭到世上君子的笑话。

大臣们的热情并未因曹丕的一再谦让而降温。督军御史中丞司马懿等人上书，认为“天地之灵，历数之运，去就之符，惟德所在”，汉室失德由来已久。而曹丕即位以来的“至德”已经广被上下、天人所感应，是历史上从未有过的。

曹丕依然不为所动。

这场劝进闹剧的高潮是傀儡皇帝登场。汉献帝正式向魏王曹丕下了禅位诏书，并派兼御史大夫的太常张音为专使奉上皇帝的玺绶。尚书令桓阶等立即上书：“天命弗可得而辞，兆民之望弗可得而违”；请求召集文武大臣，公布诏书，顺应天命，并着手制定禅让的礼仪。

曹丕上书献帝，表示奉玺书后“五内惊震，精爽散越，不知所处”；说自己“无德以称”，并派毛宗送还玺绶。第二天，给事中博士苏林、董巴上表，从天文分野和岁星的位置论证，魏国得岁与周文王受命完全相同，今年正是时候。而曹氏的始祖是颛顼，与舜是同一祖先，十月份受禅与颛顼受命相符，取代汉朝是以土德代火德，又与舜代尧一致。他们警告“天下不可一日无君”，劝曹丕不要“上逆天命，下违民望”，而要“以时即位”。其实曹丕正在筹划下一轮的表演，只是答道，我已上书辞让，希望得到皇帝批准，也要让天下百姓都知道。

紧接着，献帝下了第二道禅位诏书。尚书令桓阶等又“敢以死请”（上一次遭到曹丕拒绝后居然并没有死），请求立即“修治坛场，择吉日，受禅命，发玺绶”。曹丕于两日后，第二次上书献帝，奉还玺绶。刘廙等上奏相劝，说这几天“时清日晏，曜灵施光，休气云蒸”，证明“天道悦怿，民心欣戴”。况且“群生不可一日无主，神器不可斯须无统”。曹丕在拒绝的同时表示，公卿们还没有都表态呢！

紧接着，献帝下第三道诏书，并命令使者张音不许再将玺绶取回。在曹丕的导演下，满朝公卿都表态了，相国华歆、太尉贾诩、御史大夫王朗及九卿等 46 人联名上书劝进。曹丕做第三次辞让，请求献帝召回张音。

大臣们都知道曹丕的“三让”已结束，劝进的热情自然更高，华歆等公卿立即上表。并指出，汉朝虽然已经没落，还能奉天命，效法尧禅让帝位；陛下处在大魏受命之初，却不像虞舜、夏禹那样通达，反而学延陵这般退让，真是顾了小节，损了大德。古人说：“要没有大禹，我们早就给洪水淹死了。”要是没有大魏，我们这些人早已变成白骨横在荒野了。魏国的功德和瑞应真是“三王无以及，五帝无以加”。百姓的命运托付给魏国，民心向着魏王，已经三十多年了。这是千世难得、万年难逢的机会，需要的是通达远见，完全用不着顾忌小节。以前没有及时顺应天命，这是我们的罪过，所以已经在布置坛场，筹备礼仪，选择吉日，将要昭告上帝，祭祀众神，然后在朝堂召集百官，讨论改年号、正朔、服色等事项后上奏。至此，曹丕答复道，公卿臣民一定要说“天命不可拒，民望不可违”，我只好勉为其难了。

献帝第四次、也是最后一次下了禅位册文。尚书令桓阶等立即上奏：明天就是太史令选定的吉日，可登坛受命。曹丕批了一个“可”。汉献帝延康元年（220 年）十月二十九日，曹丕登上筑在繁阳亭的受禅坛，在文武百官和匈奴等四夷使者数万人的注视下，完成了禅让典礼。在典礼后，曹丕对群臣说：“舜、禹的事，我现在总算明白了。”

曹丕踌躇满志之余，肯定不会想到，仅在 45 年以后，他的侄孙曹奂就充当了汉献帝的角色，如“汉魏故事”，将帝位禅让给了司马炎。

公元 220 年，历经 8 世 14 帝，前后达 195 年的东汉王朝，终于走进了历史尘埃。而禅让闹剧的另一主角汉献帝在做了 31 年傀儡后，被贬到穷乡僻壤。山阳做了山阳公，了其余生。魏青龙二年（234 年），刘协无声无息地病逝，成了汉室的殉葬者、时代的牺牲品，终年 54 岁。魏明帝曹叡披素服为其发丧，以汉天子礼仪葬其于禅陵，算是对他特大的照顾。